Impulse Physik 1

LÖSUNGEN

für die Mittelstufe der Gymnasien

von
Wilhelm Bredthauer
Gunter Klar
Michael Lichtfeldt
Jürgen Reimers
Martin Schmidt
Peter Wessels

D1664631

Ernst Klett Schulbuchverlag
Stuttgart   Düsseldorf   Berlin   Leipzig

Die *Impulse Physik 1*-Lösungen wurden von Wilhelm Bredthauer, Gunter Klar, Dr. Michael Lichtfeldt, Jürgen Reimers, Martin Schmidt und Peter Wessels in Zusammenarbeit und Beratung mit
Reinhard Bayer, Wolfgang Berndt, Heinz Bolender, Klaus Gerd Bruns, Rolf von Dwingelo-Lütten, Klaus Graeff, Erich Messner, Wolfgang Miletzki, Detlef Müller, Dr. Wieland Müller, Marga Pfeffer, Ute Schlobinski-Voigt, Dr. Andreas Seltmann, Rudolf Windecker, Jurina Wessels und Klaus Zippel verfaßt.

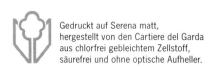

Gedruckt auf Serena matt,
hergestellt von den Cartiere del Garda
aus chlorfrei gebleichtem Zellstoff,
säurefrei und ohne optische Aufheller.

1. Auflage

1 ⁵ 4 3 2 1 | 1997 96 95 94 93

Alle Drucke dieser Auflage können im Unterricht nebeneinander benutzt werden, sie sind untereinander unverändert. Die letzte Zahl bezeichnet das Jahr dieses Druckes.

Satz: Steffen Hahn, Kornwestheim
Zeichnungen: Martina Seefeld, Schwäbisch Gmünd
Druck: Walter Wirtz, Speyer

ISBN 3-12-772302-4

Inhaltsverzeichnis

Hinweise für den Benutzer

Das Lehrbuch „Impulse Physik 1" ist Teil eines Gesamtwerkes für den Physikunterricht an Gymnasien. Das Gesamtwerk enthält neben Lehrbüchern für die verschiedenen Schulstufen entsprechende Zusatzmaterialien für den Lehrer: Lehrerhefte und Nebenwerke.

Lehrerhefte zu „Impulse Physik 1" sind
die *Hinweise* zu didaktisch-methodischen Entscheidungen und
die *Lösungen* der Aufgaben aus dem Lehrbuch.

Das Nebenwerk von „Impulse Physik 1" enthält
eine Liste der im Buch angesprochenen *Versuche*,
eine mehrteilige Sammlung von zusätzlichen *Aufgaben*,
eine Reihe von *Folien* zu Phänomenen u. a.

Das vorliegende Lehrerheft enthält die Lösungen aller im Schülerbuch gestellten Aufgaben und Fragen. Zum leichteren Zurechtfinden sind die Kapitelüberschriften und Seitenangaben des Schülerbuches mitaufgeführt.

Ausbreitung des Lichtes   *Seite 7–14*

Zur Ausbreitung des Lichtes

1   Die Vorstellung vom Sehen, die mit der vorgegebenen Aussage verknüpft ist, beschreibt das Sehen als einen vom Auge aktiven Vorgang: So, als ob Sehstrahlen vom Auge kommen würden.
Dies ist natürlich falsch, aber in den Alltagsvorstellungen der Menschen sehr verhaftet. Das Auge ist ein alleiniger Empfänger von Licht(energie). Die Netzhaut reagiert auf die Reizung, Bilder entstehen durch das Abbildungssystem im Auge. Weitere Aussagen unserer Alltagssprache, die diese Vorstellung unterstützen: Sie hat ein Auge auf mich geworfen. Man sieht die Hand vor Augen nicht. Mein Blick kann dich nicht durchdringen. Dies durchschaue ich nicht.

2   Die Information des Streulichts von der Rauchwolke der Startpistole ist wesentlich schneller als der Knall zum Ohr (Licht: 300 000 km/s; Schall: 330 m/s).

3   Blenden weisen die geradlinige Ausbreitung des Lichtes nach (Beugungserscheinungen an den Kanten werden bei dieser Aussage vernachlässigt!).

Schatten und Finsternisse

4   Die Anzahl der Schatten der Fußballspieler ergibt die Anzahl der Lichtmasten beim Fußballspiel unter „Flutlicht".

5   siehe Abbildung

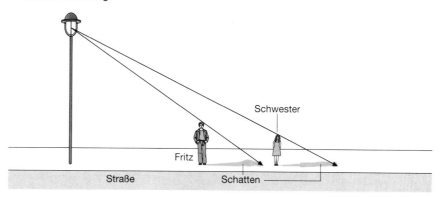

6a   Der Mond befindet sich im Kernschatten der Erde (siehe Abbildung)
b   siehe Abbildung

a)

b)

7 Da der Schatten immer die äußere Gestalt des schattenerzeugenden Gegenstandes wiedergibt, folgt aus der Aussage, daß die Erde eine äußere runde Gestalt hat.

Abbildungen mit der Lochkamera

8 Durch die fast Punkt-zu-Punkt-Abbildung bei der Übertragung der kleinen Lichtbündel durch das sehr kleine Loch der Lochkamera entstehen auf dem Schirm entsprechende Lichtflecke. Alle Punkte des Gegenstandes erzeugen somit ein Bild auf dem Schirm. Die Größe des Bildes hängt einzig von der Entfernung des Schirms zum Loch ab.

9 Bei einer Glasscheibe ist das Bild schlecht wahrzunehmen, da sie sehr stark reflektiert. Die Mattscheibe (Schirm) erzeugt gutes Streulicht und damit für uns wahrnehmbar ein Bild.

10 Abbildungsgesetz: $B = 5$ cm; $G = 30$ cm; $b = 12$ cm
Mit $B/G = b/g$ folgt daraus für $g = 72$ cm.
Der Kopf muß 72 cm vom Loch der Lochkamera entfernt sein.

11 Berechnungen mit Hilfe des Abbildungsgesetzes:
$B/G = b/g = A$ (Abbildungsmaßstab)

	G	g	B	b	A	
a	1,5	3,0	0,5	1,0	0,3333	(alle Angaben in m!)
b	0,25	0,5	0,1	0,2	0,4	
c	0,2	0,8	0,05	0,2	0,25	
d	0,012	0,2	0,024	0,4	2,0	

Licht an Grenzflächen *Seite 15–30*

Reflexionsgesetz – ebener Spiegel

1a Ein Lichtbündel wird in verschiedene Richtungen umgelenkt.
b Einfallswinkel und Reflexionswinkel liegen in einer Ebene senkrecht zur Spiegeloberfläche. Die Winkel werden zwischen einfallendem, bzw. reflektiertem Strahl und dem Lot, das senkrecht am Reflexionspunkt konstruiert wird, gemessen.
c Siehe Lehrbuch Seite 17. Wichtig ist die Umkehrbarkeit des Lichtweges!

2a Das Licht wird von der Decke ungerichtet reflektiert.
b Die Gegenstände des Zimmers werden von vielen Seiten beleuchtet.

3 Das Licht soll beim Dia-Betrachten nach allen Seiten reflektiert werden. Beim Spiegel gibt es nur eine gerichtete Reflexion. Damit würde nur ein schmales Lichtbündel in das Auge des Zuschauers fallen. Außerdem wäre damit nur ein sehr kleiner Bildausschnitt wahrnehmbar.

4 Das Licht wird bei nasser Straße in Fahrtrichtung (nach vorn) reflektiert.

5a Erst das Lot konstruieren, dann das Reflexionsgesetz anwenden.
b Die Winkelhalbierende zwischen einfallendem und reflektiertem Strahl bildet das Lot. Senkrecht zum Lot verläuft die Spiegelebene.

6a Der reflektierte Strahl dreht sich um 60°, da der Einfallswinkel um 30° vergrößert wurde.
b Der reflektierte Strahl dreht sich immer um den doppelten Winkel.

7a Entstehung des Spiegelbildes einer punktförmigen Lichtquelle mit Hilfe des Reflexionsgesetzes beschreiben. Einen ausgedehnten Körper als Zusammensetzung vieler punktförmiger Lichtquellen betrachten.
b Eigenschaften: aufrecht, seitenverkehrt, vom Spiegel gleichweit entfernt wie der Gegenstand zum Spiegel.

8 siehe Zeichnung

Ɐ	Ʞ	И	O
A	K	N	O

A	A
K	ʞ
N	И
O	O

9 Man selbst kennt nur sein eigenes Spiegelbild und damit im Gegensatz zu allen anderen ein seitenverkehrtes Bild. Ein Foto zeigt immer die normale Ansicht.

10a Lot von P auf die Spiegelfläche und um sich selbst verlängern (siehe Abbildung).

b Erst das Spiegelbild L' von L im Lotverfahren (siehe 10 a) konstruieren. Dann die Ränder der Fläche A mit L' verbinden. Der Schnitt mit der Tischplatte zeigt die Größe des Spiegels an (siehe Abbildung).
c Auch hier zuerst das Bild L' von L konstruieren. L' mit den Rändern des Spiegels verbinden (siehe Abbildung).

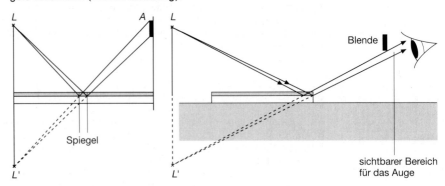

11 In Wirklichkeit sieht natürlich niemand auf dem Spiegel das Spiegelbild. Mit dem Punkt ist der Ort der jeweiligen Reflexion gemeint (siehe Abbildung).
→ gleicher Reflexionspunkt.

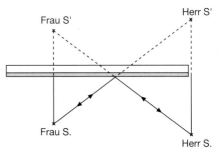

12 Zuerst das Spiegelbild des Baumes konstruieren. Über den Strahlensatz 5 m/2 m = x/10 m den Abstand Baum-Reflexionspunkt bestimmen: 25 m. Der Gesamtabstand beträgt 30 m (siehe Abbildung).

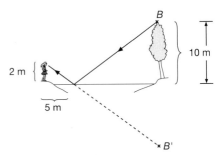

13 Spiegelbild konstruieren, dann vom Fuß und vom Kopf des Spiegelbildes Linien zum Auge des Betrachters ziehen. Schnitte mit der Wand geben die Größe und Lage des Spiegels an.

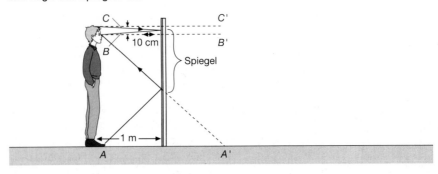

Gekrümmte Spiegel

14 Wölbspiegel: Mitte der Spiegelfläche ist höher als der Rand. Beispiele: Verkehrsspiegel, Rückspiegel.
Hohlspiegel: Mitte der Spiegelfläche ist tiefer als der Rand.
Beispiele: Scheinwerferreflektor, Kosmetikspiegel.

15a In großer Entfernung des Gegenstandes zum Spiegel entstehen kleine Bilder, in kleiner Entfernung zum Spiegel große Bilder.
b Lichtbündel schneiden sich nach der Reflexion nie!

16a Lichtstrahlen parallel zur optischen Achse, die nicht achsennah sind.
b Parabolspiegel

17 Die gesammte Kugelfläche wirkt als Wölbspiegel. Achsenferne Strahlen ergeben eindeutigen Bildpunkt.

18 Nach außen (innen) gewölbte Zylinderspiegel.

19 siehe Abbildung

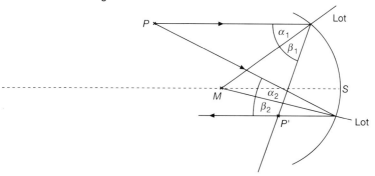

20 Da hier noch nicht der Begriff der Brennweite eingeführt ist, muß entsprechend beschreibend und propädeutisch argumentiert werden: Ist das Glühlämpchen sehr dicht vor dem Reflektor (zwischen Brennpunkt und Hohlspiegel), geht das Lichtbündel auseinander. Bei Verschiebung des Lämpchen vom Hohlspiegel weg, ist das Lichtbündel an einem einzigen Punkt (Brennpunkt) parallel.
Bei immer größeren Abständen verläuft das Lichtbündel dann zunächst zusammen, um nach einem Sammelpunkt wieder auseinander zu gehen.

Brechung und Totalreflexion

21 Der Winkel zwischen gebrochenem (umgelenktem) Strahl und dem Lot am Auftreffpunkt des Lichtbündels an der Grenzfläche zwischen den Stoffen.

22a Aufbauprinzip wie bei der Hartelschen Scheibe: Stoff 1 und Stoff 2 (z. B. Luft-Glas, Wasser-Glas, …)
b Durch die jeweilige Umlenkung des Lichtbündels an der Grenzfläche läßt sich mit Hilfe des Lotes und der dazugehörigen Einfalls- und Brechungswinkel der optisch dichtere Stoff bestimmen: Einfallswinkel > Brechungswinkel → Stoff 2 „dichter"; Einfallswinkel < Brechungswinkel → Stoff 1 „dichter".

23 Je geringer der Luftdruck ist, desto geringer ist die optische Dichte. Je höher die Temperatur der Luft ist, desto geringer ist die optische Dichte.

24 Unter die Stelle, da der Fisch im Wasser uns scheinbar höher erscheint.

25 a, b, c   siehe Abbildung

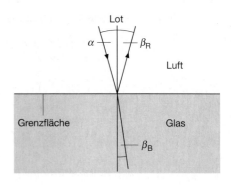

26 a   Versuchsaufbau an der Hartelschen Scheibe: Halbkreis mit Wasser
gefüllt und Halbkreis aus Glas. Oder in
eine mit Wasser gefüllte Wanne einen
Glasquader legen.
b   Diagramm auf 90° extrapolieren und
dann den Grenzwinkel ablesen
(ca. 60°).
c   Im Diagramm den Winkel $\alpha = 45°$
markieren und aus der Meßkurve den
dazugehörigen Brechungswinkel β
ablesen (siehe Abbildung).

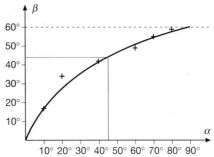

27   Das Licht trifft auf eine Grenzfläche zu einem optisch dünneren Stoff und
wird vollständig reflektiert. Nur bei diesen Übergängen („dünn → dicht") ist der
Brechungswinkel β größer als der Einfallswinkel α. Beim Grenzwinkel α erhalten
wir einen Brechungswinkel β von 90°.

28   siehe Abbildung

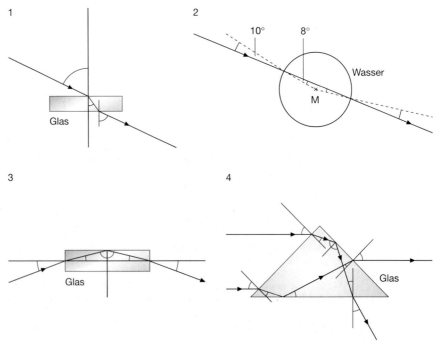

Schwierige Probleme

29 a Brechung des Sonnenlichtes an den Übergängen der Erdatmosphären-
schichten: Vom unteren Sonnenrand stammendes Licht wird stärker gebrochen.
b Wenn der Stern im Zenit steht.

30 a Da Wasseroberflächen selten eben sind, kann sehr häufig durch Rundungen
der gesammte Außenbereich wahrgenommen werden („Fischaugenwirkung").
b Wegen der Totalreflexion des Streulichtes vom Seegrund.

31 Skizze wie im Lehrbuch auf Seite 25 anfertigen: Die entsprechenden Halbseh-
nen ausmessen und die Quotienten s_α/s_β bilden: Der Mittelwert ergibt eine Brechzahl von 1,15.

32 Kreis mit einer Grenzflächenlinie zeichnen, anschließend den einfallenden
Lichtstrahl auf den Kreismittelpunkt zeichnen. Die Halbsehne in Luft ausmessen
und durch 2,4 teilen. Dies ist die Länge der Halbsehne im Diamanten. Anschließend den gebrochenen Strahl konstruieren: Gemessener Brechungswinkel $\beta = 21°$.
Beträgt der Einfallswinkel im Diamanten 60°, so tritt Totalreflexion auf!

33 a Durch die zweifache Brechung wird die Dispersion besonders deutlich:
Roter oberer Rand und unterer bläulicher Rand des Lichtbündels (siehe Skizze).
Entsprechend der Einfallswinkel an der ersten Grenzfläche und dem Prismen-
winkel kann auch schon ein komplettes Spektrum entstehen (bei genügend
schmalem Lichtbündel).
b Rot wird schwächer gebrochen als Blau, daher auch die kleinere Brechzahl.

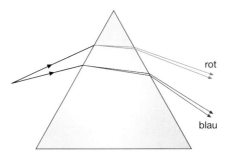

Farbiges Licht *Seite 31–40*

Spektrum und Farbentstehung

1a Rot, Orange, Gelb, Grün, Blau, Violett
b Weißes Licht ist in dem Sinne der Optik keine Farbe, sondern entsteht aus der spektralen Zusammensetzung des Lichtes. Schwarz bedeutet, daß der entsprechende Körper kein Licht irgendeiner Farbe reflektiert.
c Purpur, Türkis, Braun

2 Siehe 2. Newtonscher Versuch im Lehrbuch S. 32: Reine Spektralfarben lassen sich in weiteren Prismen nicht mehr in weitere Farben zerlegen.

3a siehe Skizze
b Auf dem Schirm erscheint je nach Art der Lichtquelle ein kontinuierliches, ein Linien- oder ein Absorptions-Spektrum.
c Siehe 3. Newtonscher Versuch im Lehrbuch S. 32: Mit Hilfe einer Sammellinse wird das Spektrum auf einen Bereich zu weißen Licht (bzw. der Mischfarbe der Lichtquelle) gebündelt.

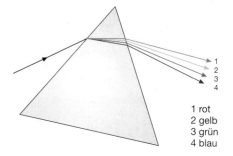

1 rot
2 gelb
3 grün
4 blau

4 Beide Prismen wirken zusammen wie eine planparallele Platte: Sie versetzen das Lichtbündel nur parallel. Allerdings können am Rand farbige Ränder auftreten (siehe Beispiel im Lehrbuch auf Seite 39).

5 Da durch Schaufensterscheiben immer Streulicht von verschiedenen Lichtquellen und Gegenständen ins Auge fällt, werden die jeweiligen Farbanteile einzelner Lichtbündel stets zu weißem Licht addiert.

6a Zuerst müßte man blaues Licht sehen.
b Die Ausbreitungsgeschwindigkeit des Lichtes in einem Stoff ist unabhängig von der Farbe des Lichtes, da wir sofort das weiße Sonnenlicht als Addition aller Farben beobachten können.

7 Das Linienspektrum gibt Aufschluß über die Zusammensetzung des Stoffes.

8 Linienspektrum: Genau die Lichtfarben sind sichtbar, die durch die Anregung des Stoffes (z. B. Verbrennung) erzeugt werden.
Absorptionsspektrum: Genau die Farben werden aus einem kontinuierlichen Spektrum herausgefiltert, die zur Anregung des Stoffes (z. B. Gas), durch den das Licht geschickt wird, benötigt werden. Die Linien geben Aufschluß über die Art des Stoffes.

9 Die Linien im Absorptions- bzw. Linienspektrum kennzeichnen die Stoffe in ihrer Zusammensetzung (siehe auch Lösungen der Aufgaben 7 und 8).

Farbmischungen

10a Grün, **b** Rot, **c** Orange, **d** Violett

11a Weiß (Gelb), **b** Violett, **c** Blau

12 Das Lichtbündel wird wieder grün, da durch das Filter fast nur der grüne Farbanteil hindurchgelassen wird (siehe auch Aufgabe 13).

13 Blau und Grün sind nur schwach sichtbar, da diese Lichtfarben von beiden Filtern einigermaßen hindurchgelassen werden. Man könnte den zusammengesetzten Filter als „Blaugrün-Filter" bezeichnen.

14 Im gelben Licht strahlend hell (gelb). Im blauen Licht schwarz, da das Kleid nur für gelbes Licht einen hohen Reflexionsanteil besitzt. Im roten Licht dagegen Rot-Orange, aber nicht strahlend hell.

15 Das Kleid muß in weißem Licht gelb erscheinen, also gelbes Licht reflektieren. In blauem und violetten Licht erscheint es dagegen schwarz. Zusätzlich könnten auch noch rote und grüne Lichtanteile benutzt werden, wenn sie nicht selbst geringfügig Lichtanteile des gelben Lichtes besitzen. Setzt man alle diese Farbanteile zusammen, erhält man die Komplementärfarbe Violett.

16 a Die Bluse reflektiert weiß, da grünes und rotes Licht sich zu weißem Licht addieren. Handelt es sich jedoch nicht um die reinen Komplementärfarben, so erscheint die Bluse gelb.
b Der Schatten vom roten Scheinwerfer ist grün und der Schatten vom grünen Scheinwerfer ist rot.

Schwierige Probleme

17 Wir würden keine Regenbogen wahrnehmen können, da keine spektrale Zerlegung mehr erfolgt. Handelt es sich dabei um keine reine Spektralfarbe, so würden aber alle Nuancen des Grünen sich mit dem gesamten grünen Licht überlagern, so daß auch dabei kein Regenbogen sichtbar würde.

18 Braun ist die Abdunklung von rot reflektierenden Körpern durch „schwarze" Punkte, an denen kein Licht reflektiert.

19 In einem ockerfarbigen Feld aus schwach roten oder grünen Punkten eine Zahl oder einen Buchstaben schreiben. Farbenblinde haben Mühe, die Zahl oder den Buchstaben zu erkennen. Auch der Bucheinband des Lehrerbuches *Impulse* eigenet sich dazu: Wer farbenblind ist, erkennt Einstein nicht!

Optische Geräte   *Seite 49–60*

Zum Strahlengang durch Linsen

1 a, d, e: Sammellinsen
b, c: : Zerstreuungslinsen

2 Lichtstrahlen, die parallel zur optischen Achse verlaufen und auf eine Sammellinse treffen, werden von ihr in einen Punkt F der optischen Achse gelenkt. Dieser
Punkt heißt Brennpunkt.

3 Lichtstrahlen, die parallel zur optischen Achse verlaufen und auf eine Zerstreuungslinse treffen, werden von ihr so umgelenkt, als ob sie von einem Punkt
vor der Zerstreuungslinse kämen. Dieser Punkt heißt Brennpunkt.

4 – Lichtstrahlen parallel zur optischen Achse.
  – Lichtstrahlen durch den Brennpunkt der Linse.
  – Lichtstrahlen durch den Mittelpunkt der Linse.
Für diese Lichtstrahlen kennt man den Lichtweg durch Sammellinsen.

5 a, c, d: Sammellinsen
b : Zerstreuungslinsen

6 Trifft Licht parallel zur optischen Achse auf eine Sammellinse, so schneiden
sich die Lichtstrahlen hinter der Linse in einem Brennpunkt. Verschiebt man eine
punktförmige Lichtquelle längs zur optischen Achse, so findet man einen Punkt,
bei dem das Licht die Linse parallel zur optischen Achse verläßt. Kommt nun von
der anderen Seite der Linse Licht parallel zur optischen Achse, so wird dies in den
Punkt gelenkt, wo sich vorher die Lichtquelle befand. Dies ist der zweite Brennpunkt.
Die entsprechende Formulierung gilt für die Zerstreuungslinsen.

7 Brennweiten werden bei Sammellinsen mit positiven und bei Zerstreuungslinsen mit negativen Meßzahlen angegeben.

8 Je stärker die Krümmung der Linsenoberfläche ist, um so kleiner wird die
Brennweite der Linse.

9 Lichtstrahlen parallel zur optischen Achse werden nicht alle in einen Punkt
gelenkt. Nur Lichtstrahlen in der Nähe der optischen Achse verlaufen nach der
Linse durch den Brennpunkt.

10 Aus großer Entfernung des Gegenstandes treffen die Lichtstrahlen fast parallel zur optischen Achse auf die Linse. Das Bild liegt daher kurz vor dem Brennpunkt, d.h. $f \approx b$.

11 siehe Zeichnung

Bild: virtuell
$B = 3{,}3$ cm;
$b = -3{,}3$ cm

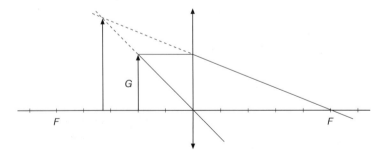

12a siehe Zeichnung

$B = 4{,}5$ cm
$b = 13$ cm

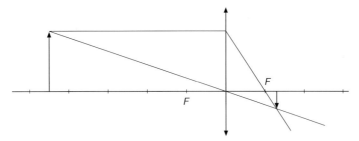

12b siehe Zeichnung

Bild reell; $B = G$
$B = 20$ cm;
$b = 60$ cm

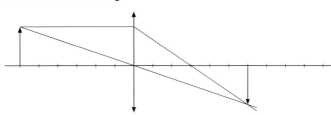

Bild reel;
vergrößert
$B = 6{,}6$ cm,
$b = 13{,}3$ cm

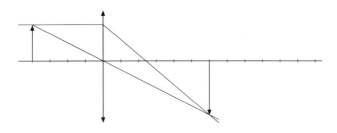

Bild reel;
vergrößert
$B = 12$ cm;
$b = 60$ cm

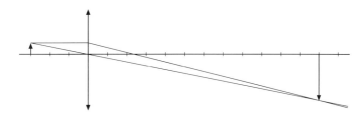

Bild; virtuell
$B = 1$ cm;
$b = -2$ cm

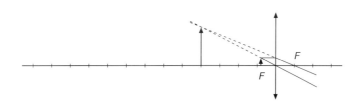

13a siehe Zeichnung

Bild, virtuell
$B = 0,8$ cm;
$b = -3,4$ cm

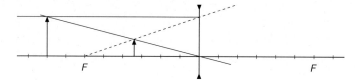

13b Siehe Zeichnung

Bild; virtuell
$B = 2$ cm;
$b = -8$ cm

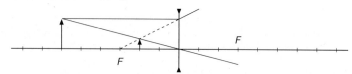

Bild; virtuell
$B = 0,2$ cm;
$b = -1,7$ cm

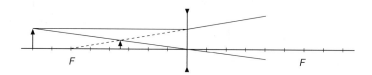

Bild; virtuell
$B = 1,4$ mm;
$b = -1,4$ mm

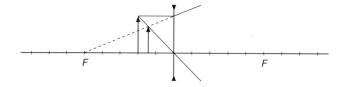

Bild; virtuell
$B = 10$ mm
$(10,2$ mm$)$;
$b = -12$ mm
$(-12,2$ mm$)$

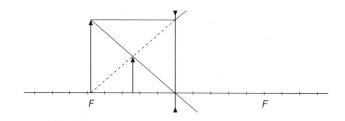

Zum Auge, zur Vergrößerung und zu den Geräten

14a – Beschreibung des optischen Systems mit $f = 17$ mm und
   – Brennweitenänderung (Akkomodation)
   – Blendenregelung (der Pupille)
b Die Zapfen nehmen die Farbunterschiede wahr. Sie sind in kleinerer Zahl vorhanden und reagieren auf Licht weniger empfindlich als die Stäbchen.
c Der Blinde Fleck ist die Ausgangsstelle der Sehnerven.
d In jedem Auge entsteht je ein Bild, das wegen des Augenabstandes verschieden ist.

15 Durch Verändern der Linsenkrümmung wird die Brennweite des Auges der Gegenstandsweite so angepaßt, daß das Bild auf der Netzhaut entsteht. Diese Fähigkeit des Auges nennt man Akkomodation.

16 Der Winkel, den die Lichtstrahlen einschließen, die von den Endpunkten eines Gegenstandes zur Pupille des Auges verlaufen, ist der Sehwinkel für den Gegenstand.

17 Das Auge ist kurzsichtig.

18 Die Vergrößerung ist der Quotient aus der Bildgröße mit optischem Gerät zur Bildgröße ohne optischem Gerät.

19a Die Lupe ist eine Sammellinse mit kleiner Brennweite, die man zum vergrößerten Betrachten eines Gegenstandes benutzt. Dazu muß sich der Gegenstand innerhalb der doppelten Brennweite befinden.
b Die Lupenwirkung entsteht im Prinzip dadurch, daß man den Gegenstand näher an das Auge bringen kann. Der Sehwinkel wird vergrößert. Die Vergrößerung berechnet man durch den Quotienten aus der deutlichen Sehweite 25 cm und der Brennweite der Lupe.

20a Das Objektiv mit sehr kleiner Brennweite erzeugt ein vergrößertes Zwischenbild. Dies wird mit dem Okular als Lupe betrachtet.
b Das Zwischenbild ist stark vergrößert. Außerdem wirkt das Okular als Lupe. Die Vergrößerung berechnet man durch das Produkt aus der Objektiv- und Okularvergrößerung.

$$V = \frac{b}{f_{Obj}} \cdot \frac{25\ cm}{f_{Oku}}$$

21 $V_{Oku} = 10 = \dfrac{25\ cm}{f_{Oku}}$; daraus folgt: $f_{Oku} = 2,5\ cm$

22 Aus $f_{Obj} = 0,5\ cm$, $b = 15\ cm$ und $f_{Oku} = 1,0\ cm$ folgt für die Vergrößerung des Mikroskopes:

$$V_{Mikroskop} = \frac{15\ cm}{0,5\ cm} \cdot \frac{25\ cm}{1,0\ cm} = 750$$

23a Das Objektiv mit großer Brennweite erzeugt ein verkleinertes reelles Zwischenbild. Das Okular wirkt als Lupe.
b Das Objektiv erzeugt ein reelles Bild in der Nähe des Auges. Man kann es mit einer Lupe (Okular) vergrößernd betrachten.
Die Vergrößerung berechnet man durch den Quotienten aus den Objektiv- und Okularbrennweiten.

24a Der Projektor besteht aus Lichtquelle, Kondensor, abzubildender Gegenstand (Dia, Folie) und Objektiv.
b Er sorgt für eine gleichmäßige Ausleuchtung der Dias.
c Für die Gegenstandsweite (Abstand abzubildender Gegenstand – Objektiv) gilt: $f < g < 2\ f$. Daher entsteht die Vergrößerung.

25 Aus $g = 1\ m = 1000\ mm$ und $f = 50\ mm$ folgt nach der Linsengleichung $b = 52,6\ mm$. Also muß man die Bildweite um 2,6 mm vergrößern, d. h. das Objektiv um 2,6 mm nach vorn verschieben.

26 Sie paßt die für eine korrekte Belichtung erforderliche Lichtmenge der Filmempfindlichkeit an. Außerdem kann sie in Zusammenhang mit der veränderbaren Belichtungszeit den Durchmesser der Lichtbündel verändern. Je kleiner die Blendenöffnung ist, desto größer wird die Tiefenschärfe.

Schwierigere Probleme

27 Nur bei dünnen Linsen kann man die zweimalige Brechung durch eine an der Mittelebene ersetzen (also die Parallelversetzung der Strahlen vernachlässigen).

28 Die Brennweite der Linse wird kleiner.

29 Sie wirkt nun als Zerstreuungslinse, weil das Licht beim Übergang von Wasser in Luft vom Lot weggebrochen wird, statt wie bei der Glaslinse, zum Lot gebrochen. Der Zusatz lautet: Die Linse muß optisch dichter als die Umgebung sein.

30 Das Bild der Lochkamera wird durch enge Lichtbündel, die durch eine kleine Blendenöffnung auf die Mattscheibe gelangen, erzeugt. Es setzt sich durch viele kleine Lichtflecke zusammen. Je kleiner die Blendenöffnung ist, desto schärfer wird das Bild. Gleichzeitig wird es lichtschwächer. Es gibt keine feste Beziehung zwischen Bild- und Gegenstandsweite. Man erhält nur relle Bilder.
Die Sammellinse lenkt das Licht, das von einem Gegenstandspunkt ausgeht, in genau einen Bildpunkt. Ist der Linsendurchmesser groß, dann entstehen helle Bilder. Es gibt eine feste Beziehung zwischen Bild- und Gegenstandsweite. Sammellinsen können auch virtuelle Bilder erzeugen.

31 Konstruktion s. Zeichnung

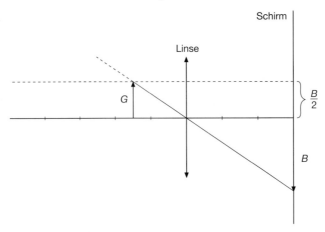

Aus der Ähnlichkeit der Dreiecke mit dem Strahl durch den Linsenmittelpunkt bzw. der Abbildungsgleichung folgt:
$b : g = B : G$; für $B = 2\,G$ ergibt sich daraus: $b = 2g$; $g = 15$ cm

Aus der Linsengleichung folgt damit:
$\dfrac{1}{f} = \dfrac{1}{b} + \dfrac{2}{b} = \dfrac{3}{b}$ bzw. $f = \dfrac{b}{3} = 10$ cm

32 Aus $b = f$ folgt $G = \dfrac{g \cdot B}{f}$ mit den angegebenen Werten für g, B und f wird
$G = 1,5 \cdot 10^{6}$ km

33 Siehe Zeichnung
Mit den Werten für $g = 25$ cm; $b = -50$ cm ergibt sich $f = 50$ cm.
Es ist eine Sammellinse.

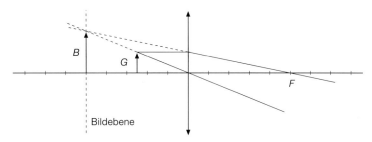

34 Aus $B = 36$ mm und $G = 1800$ mm folgt $g = 2,5$ m

35 Die Lichtbündel durchlaufen zwei Prismen. Sie werden durch Totalreflexion zweimal in zueinander senkrechten Ebenen umgelenkt. Es werden dadurch nacheinander links und rechts, oben und unten vertauscht. Das Zwischenbild ist daher aufrecht und seitenrichtig. Da der Lichtweg geknickt wird, kann man das Fernrohr kürzer bauen.

Magnetismus   *Seite 61–66*

1 a   **b**

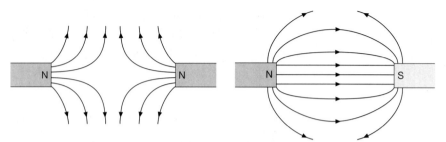

2 a Die Nägel werden gleichsinnig magnetisiert. An den freien Nagelenden bilden sich gleichartige Pole aus, die sich gegenseitig abstoßen.
b Die Nägel werden gegensinnig magnetisiert. An den freien Enden bilden sich verschiedenartige Pole aus, die sich gegenseitig anziehen.

3 a Der Eisenring wird im Feld des Hufeisenmagneten selbst magnetisiert. Gegenüber dem Nordpol bildet sich ein Südpol aus und umgekehrt. Das Ringinnere ist (fast) feldfrei.
b Der Eisenstab wird so magnetisiert, daß sich links ein Südpol ausbildet. Fast alle vom Nordpol des Magneten auslaufenden Feldlinien führen zu diesem Südpol, dann (nicht gezeichnet) durch den Eisenstab und von dem neu gebildeten Nordpol aus in großen Bögen zum Südpol des Magneten.

4 a Man legt den einen Stab auf den Tisch und nähert ein Ende des anderen Stabs der Mitte des ersten. Ziehen sich die Stäbe stark an, hält man den Magneten in der Hand. Im anderen Fall liegt der Magnet auf dem Tisch, da er in der Mitte fast keine magnetische Wirkung besitzt.

b Der Querstab wird magnetisiert. Es bilden sich neue Pole aus:

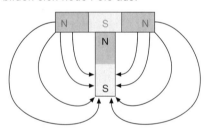

5 Die Elementarmagnete im Eisen richten sich im Magnetfeld aus. Ohne äußeres Magnetfeld geraten sie wieder in Unordnung. Ihre magnetischen Wirkungen heben sich gegenseitig auf.

6 Ein Eisennagel besteht aus magnetisch weichem Material. Seine Elementarmagnete lassen sich leichter ausrichten als die im Stahlnagel, der aus magnetisch hartem Material besteht. Der Eisennagel wird somit stärker magnetisiert und stärker angezogen.

7 Ein magnetischer Nordpol, denn er zieht den Südpol einer Magnetnadel an.

Bewegte und ruhende Ladung Seite 67–88

Leiter/Nichtleiter und Stromkreis

1 Draht, Kabel oder Metallband von einem Pol der Batterie über Schalter zum Lampengewinde, durch die Lampe zum Lampensockel und zurück zur Batterie.

2 Der Fahrradrahmen stellt die zweite Verbindung dar.

3a Zur Sicherheit bei Berührung.
Zum Schutz vor Fehlströmen (Kurzschluß) über Nachbarkabel.
b Berührungsschutz ist nicht erforderlich.
Vor Fehlströmen schützen die Luft und Keramikkörper als Isolatoren.

4 Leitend: Fuß und Gewinde der Lampe und der Ständer des Glühdrahts sind dicke Leiter; der Glühdraht ist wesentlich dünner.
Nichtleitend: Glashülle, Birnensockel und Kitt.

5 Bei ausreichend starker Quelle wird das Gas in der Glimmlampe leitend und schließt so den Stromkreis.

6 Leuchtet nur eine Seite, liefert die Quelle Gleichstrom.

7 Durch Nässe steigt die Leitfähigkeit des Körpers. Unerwünschte Ströme durch den Körper können stärker und somit gefährlicher werden.

Wirkungen des elektrischen Stroms

8 Die starken Ströme in der Fernleitung erwärmen die Kabel merklich. Die Ströme im Telefonkabel sind hierzu zu schwach.

9 Der Strom durch die Sicherung erwärmt den Sicherungsdraht. Übersteigt die Stromstärke das zulässige Maß, wird der Sicherungsdraht so heiß, daß er schmilzt. Das unterbricht den Stromkreis. Leitet der Flick-Draht den Strom besser, dann schmilzt er nicht bei der höchstzulässigen Stromstärke. Die Schutzwirkung fehlt.

10 In verdünnten Säuren steigt über der mit dem Minuspol verbundenen Elektrode doppelt soviel Gas auf.

11 Es ergibt sich kein Silberniederschlag, da genausoviel Silber wieder abgeschieden wird wie elektrolytisch abgelöst wird.

12 Gong, Klingel, el. Türöffner, Geräte mit Elektromotor (Mixer, Staubsauger, Waschmaschine, ...) ...

13 Zum Magnetfeld der Spule kommt das Magnetfeld der im Kern ausgerichteten Elementarmagnete hinzu.
Vorteile: stark, Stärke variierbar, abschaltbar.

14 Am Anlegesteg befindet sich eine große, vertikale Eisenplatte. Ist das Schiff dicht am Steg, wird ein Elektromagnet angeschaltet, der das Schiff an der Platte festmacht. Zum Ablegen braucht nur abgeschaltet zu werden.

15 Ein geringer Strom in der kleinen Spule hält den Stab in Ruhestellung. Schaltet man die große Spule an, wird der Stab in die Spule gezogen und schlägt an die kleine Platte. Ein hoher Ton entsteht. Schaltet man ab, zieht die kleine Spule den Stab zurück. Dabei schwingt er gegen die große Platte. Das ergibt den tiefen Ton. In einem handelsüblichen Hausgong wird die rücktreibende Kraft statt durch eine kleine Spule durch eine Feder erzeugt.

16 Durch den Strom wird die Spule zum Magneten und zieht den Eisenstab gegen die Federkraft an. Je stärker der Strom ist, umso mehr wird die Feder gedehnt, umso weiter schlägt der Zeiger aus.
Der Weicheisenstab kann so schnell ummagnetisiert werden, daß er bei jeder Stromrichtung angezogen wird. Man kann daher das Gerät auch bei Wechselströmen benutzen.

17 Der Strom macht die Drehspule zum Magneten, der im Feld des äußeren Magneten gegen die Rückstellkraft der Feder ausgerichtet wird.

18 s. Zeichnung
Bewegen sich die Elektronen vorn nach oben und hinten nach unten, so ergibt sich bei allen Leiterstücken ein Magnetfeld, das in der Spule nach rechts und außerhalb nach links weist.

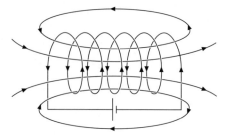

19 s. Zeichnung
– dicht beim Leiter sind die Feldlinien kreisförmig wie beim einzelnen Leiter;
– in der Mitte zwischen den Leitern heben sich die magnetischen Wirkungen auf: keine Feldlinien;
– in großer Entfernung ringförmig wie bei einem einzigen Leiter.

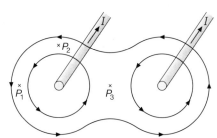

Ladung und elektrisches Feld

20 Alle drei Stoffe tragen die gleiche Ladung.

21 Durch elektrische Influenz können elektrische Kräfte an den Papierstücken angreifen. Das Papier wird von der Platte angezogen. Dort erhält es gleichnamige Ladung wie die Platte. Daher wird es von der Platte wieder abgestoßen, fällt auf den Tisch und gibt dort seine Ladung ab. Der Vorgang wiederholt sich so lange, bis von der Platte so viel Ladung abgeflossen ist, daß sie nicht mehr ausreicht, das Papier anzuziehen.

22 Durch elektrische Influenz ergeben sich Oberflächenladungen, sodaß verschiedenartige Pole an den Enden der Grieskörner entstehen. Durch diese Pole ziehen sich die Grieskörner gegenseitig an und bilden Ketten. Als Ganzes bleiben die Grieskörner dabei elektrisch neutral.

23 s. Zeichnung:

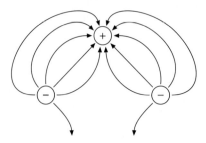

24 s. Zeichnung

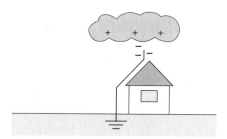

Elektrische Ladung und Stromstärke

25 Elektrische Ladung wird erst durch (einheitliche) Bewegung zum elektrischen Strom.
(Vgl.: Was macht der Wind wenn er nicht weht?)

26 In Metallen sind negative Ladungsträger (Elektronen) wesentlich leichter zu bewegen als positive (Atomrümpfe).

27 Direkt gemessen wird ein Gasvolumen aus zwei Teilen Wasserstoff und einem Teil Sauerstoff, indirekt die geflossene elektrische Ladung, da Q und V zueinander proportional sind. Steigen beide Anteile in das gleiche Gefäß auf, wie dies bei der Knallgaszelle der Fall ist, spielt die Stromrichtung keine Rolle.

28 $0,6 \text{ A} = 0,6 \text{ C/s}$ ergeben pro Sekunde $0,6 \cdot 0,19 \text{ cm}^3 = 0,114 \text{ cm}^3$ Knallgas.
In $7 \cdot 60 \text{ s} = 420 \text{ s}$ sind dies $420 \cdot 0,114 \text{ cm}^3 = 47,88 \text{ cm}^3$ Knallgas.

29 Aus $I = Q/t$ folgt: $1 \text{ Ah} = 1 \text{ A} \cdot 1 \text{ h} = 1 \text{ C/s} \cdot 3\,600 \text{ s} = 3\,600 \text{ C}$.
50 Ah sind daher $50 \cdot 3\,600 \text{ C} = 180\,000 \text{ C}$.
Das ist die Gesamtladung der Autobatterie.

30 $50 \text{ kA} = 50\,000 \text{ A} = 50\,000 \text{ C/s}$.
Pro Sekunde treten $50\,000 \text{ C}$ durch den Leiterquerschnitt. 1 C entspricht $6,25 \cdot 10^{18}$ Elektronen. Insgesamt fließen daher $3,125 \cdot 10^{23}$ Elektronen pro s.

Gesetze des Stromkreises Seite 89–108

Parallel- und Reihenschaltung

1a Reihenschaltung:
– unterbricht man bei einem Gerät, arbeiten die anderen auch nicht mehr.
– die gesamte Ladung fließt durch alle Geräte
– der Ersatzwiderstand ist größer als die Einzelwiderstände.
Parallelschaltung:
– die Geräte funktionieren weiter, wenn man eines abschaltet
– alle Geräte sind an die gleichen Pole angeschlossen
– durch jedes Gerät fließt nur ein Teil der Ladung
– der Ersatzwiderstand ist kleiner als die Einzelwiderstände
b Reihe: Stromstärke überall gleich $I_1 = I_2 = \ldots = I_{GES}$
Parallel: Einzelstromstärken addieren sich zur Gesamtstromstärke
$I_1 + I_2 + \ldots = I_{GES}$

2a $I_{Lampe} = I_{GES}/25 = 0{,}8$ A
b $n \leq 25$ A$/I_{Lampe} = 31{,}25$; also maximal 31 Lampen.

3 Meßgeräte 2 bis 6 von oben nach unten:
$I_2 = I_3 = I_1 /2 = 1$ A
$I_4 = I_5 = I_6 = I_1/3 = 0{,}67$ A

Zur Spannung

4 Gesamtspannung direkt an den Polen der Quelle: + an + ... Teilspannungen an den Anschlüssen des jeweiligen Geräts: + an den mit dem Pluspol der Quelle verbundenen Geräteanschluß.

5a gleichsinnig: 3 V + 3 V = 6 V
b gegensinnig: 3 V + (–3 V) = 0 V

6 – alle einzeln: 1,5 V und 3 V
– 1,5 V und 3 V gleichsinnig in Reihe: 4,5 V
– zweimal 3 V gleichsinnig in Reihe: 6 V
– alle gleichsinnig in Reihe: 7,5 V
– bei gegensinniger Reihenschaltung keine neuen Werte: 0 V, 1,5 V, 4,5 V
– zweimal 3 V parallel: 3 V
– 3 V und 1,5 V parallel führt zur Entladung der 3-V-Batterie über die 1,5-V-Batterie. Je nach Innenwiderstand: 1,5 bis 3 V.

Widerstand und Kennlinie

7a Quotient aus der am Widerstand bestehenden Spannung und der im Widerstand herrschenden Stromstärke.
b Für metallische Leiter ist bei konstanter Temperatur der elektrische Widerstand $R = U/I$ konstant.

8 $I' = 2U / 2R = U / R = I$; die Stromstärke bleibt unverändert.

9a Schaltskizze mit V-Meter parallel zum Leiter und A-Meter in Reihe. U variieren, U und I mehrfach messen und jeweils $R = U/I$ berechnen.
b Wie a) mit großen Unterschieden bei U und I. Bleibt $R = U/I$ konstant, erfüllt er das Ohmsche Gesetz.

10 U-I-Diagramm. Linear bei Konstantan, zunehmende Steigung bei Graphit, abnehmende Steigung bei Glühlampen und den meisten Metalldrähten, sprunghafte Änderung bei Dioden.

11	U	30 V	200 V	50 V	0,5 V	10 mV
	I	143 mA	133 mA	5 A	3 mA	2 mA
	R	210 Ω	1,5 kΩ	10 Ω	167 Ω	5 Ω

12 a Kennlinie mit abnehmender Steigung, oberhalb 1 V fast linear.
b Metalldraht
c bei 4,5 V ca. 0,30 A; 0,18 A erreicht man bei etwa 1,6 V.
d Zugehörige Widerstandswerte in Ω: 6,7; 10,0; 12,5; 14,3; 16,1; 17,1
I-R-Diagramm bis 0,25 A fast linear steigend mit ca. 65 Ω/A, dann deutlich abfallend. Widerstand bis 0,15 A nicht angebbar.

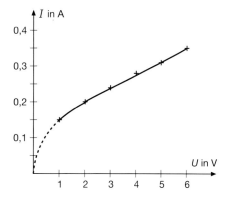

13 Eisen ungekühlt: Steigung nimmt ab.
Eisen gekühlt: Steigung konstant.
Bleistiftmine ungekühlt: Steigung nimmt zu.

14 Beim Erhitzen des Glühdrahtes nimmt sein Widerstand zu, die Stromstärke sinkt daher.

15 a $I = U/R = 220$ V / 3 000 Ω = 0,073 A = 73 mA (trocken: 7,3 mA)
b $U = R \cdot I = 3\,000$ Ω · 0,001 A = 3 V
Hinweis: In der Praxis gelten Spannungen bis 30 V als ungefährlich. Erst oberhalb dieses Wertes müssen alle Leitungen berührungssicher sein.

16	U in V	20	35	87,5	45
	I in A	0,29	0,5	1,25	0,64

Spezifischer Widerstand

17 R ist proportional zu l und zu $1/A$.
Daher $R' = 2 \cdot \frac{1}{3} R = \frac{2}{3} R$.

18 $R = \rho \cdot l / A = 0,017$ Ω mm^2/m · 100 m / 2 mm^2 = 0,85 Ω

19 $l = R \cdot A / \rho = 450$ Ω · 0,2 mm^2 / (0,5 Ω mm^2/m) = 180 m

20 $R = U / I = 220$ V / 4,4 A = 50 Ω
$A = \rho \cdot l / R = 0,6$ Ω mm^2 / m · 20 m / 50 Ω = 0,24 mm^2

21 Aus $R_{Cu} = R_{Al}$ und $l_{Cu} = l_{Al}$ folgt: l / R = const.
Aus $R = \rho \cdot l / A$ folgt somit: $\rho_{Cu} / A_{Cu} = \rho_{Al} / A_{Al}$
oder: $A_{Al} = \rho_{Al}/\rho_{Cu} \cdot A_{Cu} = 0,028\ldots/0,017\ldots \cdot 2$ mm^2 = 3,3 mm^2

Schaltung von Widerständen

22 $R_{ERS} = U_{GES} / I_{GES} = 100$ V / 0,9 A = 111 Ω
$1/R_2 = 1 / R_{ERS} - 1 / R_1 = 0,004 \cdot 1 / Ω \Rightarrow R_2 = 250$ Ω
$I_i = U_i / R_i \Rightarrow I_1 = 100$ V / 200 Ω = 0,5 A; $I_2 = 0,4$ A

23 $R_{ERS} = R_1 + R_2 + R_3 = 100$ Ω
$I_{GES} = U_{Qu} / R_{ERS} = 150$ V / 100 Ω = 1,5 A
$U_i = R_i \cdot I_{GES} \Rightarrow U_1 = 30$ V; $U_2 = 45$ V; $U_3 = 75$ V

24 Bei $U_Q = 9$ V soll $I_{GES} = I_L$ begrenzt werden auf 0,3 A.
$R_{Ers} = U_Q / I_{Ges} = 9$ V / 0,3 A = 30 Ω
$R_L = U_L / I_{Ges} = 4$ V / 0,3 A = 13,3 Ω
$R_{Vor} = R_{Ers} - R_L = 16,7$ Ω

25 Es wird vorausgesetzt, daß der Innenwiderstand der Voltmeter (VM1, VM2) sehr viel größer als der Widerstand der Lampe L ist: $R_L \ll R_{VM1} = R_{VM2}$
Schalter offen: VM1 und L sind parallel. Wegen $R_L \ll R_{VM1}$ ist $R_{Ers1} = R_L$.
R_{Ers1} liegt mit VM2 in Reihe. Wegen $R_{Ers1} = R_L \ll R_{VM2}$ liegt praktisch die gesamte Spannung an VM2: $U_1 = 0$ V, $U_2 = 12$ V
Schalter geschlossen: VM2 ist kurzgeschlossen: $U_2 = 0$ V
An L und VM1 liegt die volle Spannung an: $U_1 = 12$ V.

26 a 6 Ω und 10 Ω parallel: $R_{Ers1} = 1 / (1/6$ Ω $+ 1/10$ $\Omega$$) = 3,75$ Ω
R_{Ers1} in Reihe zu 3 Ω: $R_{Ers} = R_{Ers1} + 3$ Ω $= 9,75$ Ω
Gesamtstromstärke: $I_{Ges} = U_{Ges} / R_{Ers} = 1,5$ V / 9,75 Ω = 153,8 mA
Teilspannungen: $U_i = R_i \cdot I_{Ges}$
$U_1 = 6$ Ω $\cdot$ 153,8 mA = 0,923 V
$U_2 = 3,75$ Ω $\cdot$ 153,8 mA = 0,577 V
Stromstärken in der Verzweigung: $I_i = U_2 / R_i$
$I_1 = 0,577$ V / 6 Ω = 96,1 mA
$I_2 = 0,577$ V / 10 Ω = 57,7 mA
b 60 Ω und 120 Ω parallel: $R_{Ers1} = \ldots = 40$ Ω
R_{Ers1} in Reihe zu 50 Ω: $R_{Ers2} = \ldots = 90$ Ω
R_{Ers2} parallel zu 100 Ω: $R_{Ers} = \ldots = 47,4$ Ω
Gesamtstromstärke: $I_{Ges} = U_{Ges} / R_{Ers} = 90$ V / 47,4 Ω = 1,90 A
Teilstromstärken: $I_{unten} = U_{Ges} / 100$ Ω = 0,90 A
$I_{oben} = I_{Ges} - I_{unten} = 1,00$ A
Teilspannungen oben: $U_1 = R_1 \cdot I_1 = 50$ Ω $\cdot$ 1 A = 50 V
$U_2 = R_2 \cdot I_2 = 40$ Ω $\cdot$ 1 A = 40 V
Verzweigung oben: $I_{oben} = 40$ V / 120 Ω = 0,33 A
$I_{unten} = 40$ V / 60 Ω = 0,67 A

27 Bei Vollausschlag (Meßbereichsangabe) gilt für das Meßgerät:
$I_M = 0,1$ A; $U_M = R_M \cdot I_M = 50$ Ω $\cdot$ 0,1 A = 5 V
a Vollausschlag jetzt bei 3 A. U_M muß dazu 5 V sein. Bei 5 V muß in einem Parallelwiderstand der Strom $I_P = I_{Ges} - I_M = 2,9$ A herrschen.
$R_{Parallel} = U_M / I_P = 5$ V / 2,9 A = 1,72 Ω
b Vollausschlag jetzt bei 30 V. I_M muß dazu 0,1 A betragen. Bei 0,1 A muß an einem Vorwiderstand die Spannung $U_V = U_{Ges} - U_M = 25$ V herrschen.
$R_V = U_V / I_M = 25$ V / 0,1 A = 250 Ω

28 a Stromstärkemeßgeräte werden in Reihe geschaltet. Dabei addieren sich die Widerstände. Um den Einfluß des Meßgerätes möglichst klein zu halten, sollte der Widerstand des Stromstärkemeßgerätes möglichst klein sein.
b Spannungsmeßgeräte werden parallel geschaltet. Dadurch besteht im Meßgerät ein zusätzlicher Strom. Um diesen unerwünschten Strom möglichst klein zu halten, sollte der Widerstand des Spannungsmeßgerätes möglichst groß sein.

29 Das Diagramm zeigt, daß nicht nur die Stromstärke, sondern auch die Dauer der Stromwirkung von Bedeutung ist (Loslaßschwelle, Herzkammerflimmern).

30 Bis zum Ansprechen des 30 mA-FI-Schutzschalters vergehen ca. 30 ms. Bei großen Stromstärken kann auch diese kurzzeitige Belastung gefährlich sein.

Elektromagnetismus Seite 109–124

Zum Elektromotor

1 Zur Verstärkung der magnetischen Wirkung.

2 Die Anschlüsse der Schleifkontakte zur Ankerwindung werden jeweils beim Durchgang durch den Totpunkt umgepolt. Dadurch wird die Richtung der Kräfte auf den Anker umgekehrt. Der Anker läuft weiter.

3 Nur jeweils zwei benachbarte Elektromagnete sind wirksam und bilden einen abgewinkelten Doppel-T-Anker. Dadurch gibt es keinen Totpunkt. Der Motor läuft aus jeder Stellung an.

4 Man vertauscht entweder die Ankeranschlüsse oder die Anschlüsse des Feldmagneten, aber nicht beide zugleich.

5a In Ruhestellung ist gerade der Totpunkt erreicht.
b Mit jedem Polwechsel der Wechselspannung dreht der Läufer genau um ein Polpaar weiter. Die Drehzahl hängt daher nur von der Frequenz der Wechselspannung ab.
c 50, 25 oder 12,5 Umdrehungen pro s.

Elektronen im Magnetfeld

6 Im Magnetfeld des linken Leiters erfährt der rechte nach der Drei-Finger-Regel der linken Hand eine Kraft zum linken Leiter hin. Auf die gleiche Art erfährt der linke Leiter eine Kraft nach rechts.

7 Die Elektronen bewegen sich im Uhrzeigersinn. Aus der Drei-Finger-Regel für die linke Hand ergeben sich die jeweiligen Kraftrichtungen:

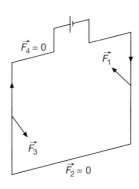
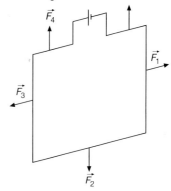

a Spule dreht sich   *b* Kräfte nach außen

8 Aus der Drei-Finger-Regel der linken Hand ergibt sich:
a keine Ablenkung, da gleichgerichtet
b aus der Bewegungsrichtung betrachtet nach links, wenn das Magnetfeld nach oben zeigt, im anderen Fall nach rechts.
c aus der Bewegungsrichtung betrachtet nach unten, wenn das Magnetfeld nach links zeigt, im anderen Fall nach oben.

9 Die Feldlinien des Erdfeldes verlaufen trichterförmig. Kommen geladene Teilchen nicht parallel zu den Feldlinien an, so erfahren sie eine Kraft senkrecht zu ihrer Bewegungsrichtung und senkrecht zu den Feldlinien. Das lenkt sie auf schraubenförmige Bahnen um das Erdmagnetfeld. Beim Nordpol drehen sich negativ geladene Teilchen im Uhrzeigersinn, positiv geladene im Gegenuhrzeigersinn. Geladene Teilchen, die in Richtung der Feldlinien ankommen, werden zunächst nur wenig abgelenkt und können somit tiefer in die Atmosphäre eindringen. In polnahen Regionen erzeugen sie die Polarlichter.

Elektromagnetische Induktionen

10 Die Spule muß von einem Magnetfeld durchsetzt werden und es muß sich mindestens eine der drei folgenden Größen ändern:
– die Stärke des Magnetfeldes
– die vom Magnetfeld durchsetzte Querschnittsfläche der Spule
– der Winkel zwischen Spulenachse und Feldlinienrichtung.

11 Der Eisenkern verstärkt das Magnetfeld. Je stärker das Magnetfeld ist, umso höher ist die induzierte Spannung.

12 Es wird keine Spannung induziert, solange sich die Spule im homogenen Feldbereich bewegt oder wenn die Spule im inhomogenen Bereich genau symmetrisch zum Feld bewegt wird.

13 Das Meßwerk des ersten Gerätes wird im Erdmagnetfeld gedreht. Daher wird in ihm eine Spannung induziert.

14a Da das Magnetfeld des Dauermagneten inhomogen ist, wird durch die Schwingungen der Anteil des Feldes, der die Spule durchsetzt, periodisch verändert. Das bewirkt eine periodisch sich ändernde Spannung.
b Der Vorgang läuft ab wie bei a)
Zum experimentellen Nachweis muß der Widerstand i. a. mit einem Transformator angepaßt werden und gegebenenfalls verstärkt werden.

Zum Generator

15 Ein Generator ist eine Maschine, bei der durch Drehen einer Spule oder eines Magneten eine Spannung erzeugt wird.

16 Durch einen Eisenkern, durch höhere Windungszahlen oder durch schnelleres Drehen.

17a Sinusförmiger Spannungsverlauf, bei dem periodisch die Polung gewechselt wird.
b Spannungsverlauf in halben Sinusbögen, stets in eine Richtung. Die Polung bleibt gleich, der Betrag schwankt periodisch. Man erreicht das mit einem Kommutator am Anker.

18 In diesen Stellungen ist die Änderung des Magnetfeldanteils, der die Spule durchdringt, am größten – und nur auf die Änderung kommt es an.

19 Sinusförmig. Bei doppelter Geschwindigkeit erhält man doppelt so viele Perioden in der gleichen Zeit, sowie doppelte Spannungsbeträge.

Zum Transformator

20 Die periodische Änderung der Stromstärke in der Primärspule bewirkt ein sich periodisch änderndes Magnetfeld. Dieses induziert in der Sekundärspule eine sich periodisch ändernde Spannung.

21 Das mit der Primärspule erzeugte Magnetfeld wird vom gemeinsamen Eisenkern verstärkt und (nahezu) vollständig durch die Sekundärspule geführt. Damit erreicht man ein möglichst starkes Magnetfeld in der Sekundärspule.

22 unbelastet: $U_1 : U_2 = n_1 : n_2$
belastet: $I_1 : I_2 = n_2 : n_1$

23

	n_1	n_2	U_1 in V	U_2 in V	I_1 in A	I_2 in A
a	2000	50	220	5,5	0,2	8,0
b	500	14	220	6,0	0,14	5,0
c	200	10 000	40	2000	2,0	0,04
d	950	250	380	100	0,13	0,5

24 $U_2 \leq (n_2 : n_1) \cdot U_1 = 22$ V
Die feinstmögliche Abstufung ist windungsweise. Dabei werden die 22 V in 120 Teilschritte von jeweils 0,18 V unterteilt.

Bewegungen   Seite 125–128

1a Bei einer gleichförmigen Bewegung ist das Zeit-Weg-Diagramm eine Gerade. Der Quotient aus zurückgelegter Wegstrecke *s* und dafür benötigter Zeit *t* heißt Geschwindigkeit *v*.
b Bei einer beschleunigten Bewegung ergibt das Zeit-Weg-Diagramm keine Gerade. In gleichen Zeitabschnitten werden verschieden lange Wegstrecken zurückgelegt.
c Bei einer beschleunigten Bewegung heißt der Quotient aus zurückgelegtem Weg und benötigter Zeit Durchschnittsgeschwindigkeit. Die Geschwindigkeit zu einem bestimmten Zeitpunkt heißt Momentangeschwindigkeit. Sie wird mit einem Tachometer gemessen.

2a $3{,}6 \, \dfrac{km}{h} = \dfrac{3{,}6 \cdot 1000}{3\,600} \, \dfrac{m}{s} = 1 \, \dfrac{m}{s}$
b 20 km/h = 20 · 0,28 m/s = 5,6 m/s (80 km/h = 80 · 0,28 m/s = 22,44 m/s)
c 20 m/s = 20 · 3,6 km/h = 72 km/h (30 m/s = 30 · 3,6 km/h = 108 km/h)

3 120 km/h = 120 · 0,28 m/s = 33,6 m/s $\Rightarrow$ Das Auto fährt in 10 s 336 m weit.

4 Aus *s* = 1 km = 1000 m und *t* = 18 s folgt:
$v = \dfrac{1000}{18} \, \dfrac{m}{s} = \dfrac{1000 \cdot 3{,}6}{18} \, \dfrac{km}{h} = 200 \, \dfrac{km}{h}$

5 *s* = 340 m/s · 3 s = 1020 m

6 Aus *s* = 504 km und *v* = 90 km/h folgt die Fahrtzeit ohne Pause.
t = 504 km : 90 km/h = 5,6 h
= 5 h 36 min.
Zeit mit Pause: 5 h 36 min + 24 min
= 6 h

7a Zeit-Weg-Diagramm
b Ab 3 s liegen die Meßpunkte recht gut auf einer Geraden, die Geschwindigkeit ist dann konstant.
Eine Rechnung liefert:

Zeit-intervalle	0 s/1 s	1 s/2 s	2 s/3 s	3 s/4 s
v in m/s	1,5	3,5	4	5

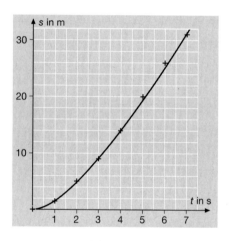

Zeit-intervalle	4 s/5 s	5 s/6 s	6 s/7 s
v in m/s	6	6	5

c Durchschnittgeschwindigkeiten:
von 0 m bis 5 m : 5 m/2 s = 2,5 m/s
von 14 m bis 26 m : 12 m/2 s = 6 m/s

8 Für die Rechnung wird eine Reaktionszeit von 1 s angenommen. Zurückgelegte Strecke während dieser Zeit:
130 · 0,28 m/s · 1 s = 36,4 m
Für den Bremsweg gilt: 13^2 m = 169 m
Der Anhalteweg beträgt also: 36,4 m + 169 m = 205,4 m ≈ 205 m

9 *t*-*s*-Diagramm siehe Zeichnung

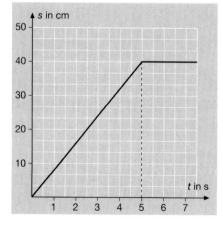

Kraft und Masse   *Seite 129–148*

Zu den Kraftwirkungen

1 – Antriebskraft des Motors;
– Trägheitskraft des Omnibusses;
– Gegenkraft der Leitplanke;
– Verformungskräfte.

2 Beispiele für Kraftwirkungen:
– ein Auto wird schneller;
– ein Auto bremst;
– ein Auto wird angeschoben;
– eine Feder wird gedehnt;
– ein Ball wird verformt;
– ein Hammer treibt einen Nagel in die Wand;
– die Äste eines Baumes werden vom Wind gebogen;
– ein Gummiband wird gedehnt;
– ein Speer wird geschleudert;
– ein Fußball wird ins Tor geschossen.
Beispiele für keine physikalischen Kräfte:
– Sehkraft;
– Waschkraft;
– Leuchtkraft;
– Kraftfutter;
– Überzeugungskraft.

3 Betrag der Kraft, Richtung der Kraft, Angriffspunkt der Kraft.

4 – Federn geben nach (Verformungskraft);
– Sitze werden verformt;
– seitlicher Stoß beim Schließen der Türen;
– Trägheitskräfte auf die Rückenlehne;
– Kraft der Reifen auf die Straße bzw. Straße auf Reifen.

5 Beim Auftreffen auf die Bande kommt es zur Verformung des Balles bzw. der Bande. Es wirken Kraft und Gegenkraft zwischen Bande und Ball.

6a Elastische Verformung: Hört die Kraftwirkung auf einen Körper auf, so nimmt er seine alte Form wieder an.
b Plastische Verformung: Hört die Kraftwirkung auf einen Körper auf, so bleibt wenigstens ein Teil der Verformung erhalten.

Zum Hookeschen Gesetz

7a Für alle nicht zu großen Kräfte auf die Feder ist die Verlängerung s zur Zugkraft F proportional.
b Für Kraftmesser gilt das Hookesche Gesetz, weil darauf die Definition der Kraftmesser beruht.

8a Der Quotient aus Zugkraft F und Verlängerung s heißt Federkonstante D:
$D = \dfrac{F}{s}$.
b Aus $F = 4\,\text{N}$ und $s = 6\,\text{cm}$ folgt: $D = \dfrac{4\,\text{N}}{6\,\text{cm}} = 0{,}67\,\dfrac{\text{N}}{\text{cm}}$.

9 Aus $D = \dfrac{F}{s}$ ergibt sich mit den Werten der Aufgabe: $s = \dfrac{250\,\text{N}}{30\,\dfrac{\text{N}}{\text{cm}}} = 8{,}3\,\text{cm}$.

10 Mit den Werten der Aufgabe wird:

$$D = \frac{7,5\ \text{N}}{6\ \text{cm}} = 1,25\ \frac{\text{N}}{\text{cm}} \quad \text{und damit} \quad s = \frac{1,5\ \text{N}}{1,25\ \dfrac{\text{N}}{\text{cm}}} = 1,2\ \text{cm}$$

$$\left(D = \frac{5\ \text{cN}}{32\ \text{mm}} = 0,164\ \frac{\text{cN}}{\text{mm}} \quad \text{und damit} \quad s = \frac{3\ \text{cN}}{0,164\ \dfrac{\text{cN}}{\text{mm}}} = 19\ \text{mm}\right).$$

11 Aus $D = \dfrac{F}{s}$ folgt $F = D \cdot s = 12\ \dfrac{\text{N}}{\text{mm}} \cdot 8\ \text{mm} = 96\ \text{N}$

Aus $D = \dfrac{F}{s}$ folgt $s = \dfrac{F}{D} = \dfrac{80\ \text{N}}{12\ \dfrac{\text{N}}{\text{mm}}} = 6,7\ \text{mm}$.

12 Es wird vorausgesetzt, daß das Hookesche Gesetz näherungsweise erfüllt ist. Dann gilt für das Gummiband:

$$D = \frac{5\ \text{N}}{10\ \text{cm}} = 0,5\ \frac{\text{N}}{\text{cm}}$$

Die Verlängerung bei 6 N würde dann

$$s = \frac{6\ \text{N}}{0,5\ \dfrac{\text{N}}{\text{cm}}} = 12\ \text{cm betragen.}$$

13 Mit den Werten der Aufgabe wird:

$$D = \frac{15\ \text{kN}}{45\ \text{mm}} = 0,333\ \frac{\text{kN}}{\text{mm}}$$

Die Stauchung bei 100 kN beträgt dann:

$$s = \frac{100\ \text{kN}}{0,333\ \dfrac{\text{kN}}{\text{mm}}} = 300\ \text{mm.}$$

14 Für die Forderung gilt: $D = \dfrac{800\ \text{N}}{1,5\ \text{cm}} = 533,3\ \dfrac{\text{N}}{\text{cm}}$.

15a siehe Zeichnung:

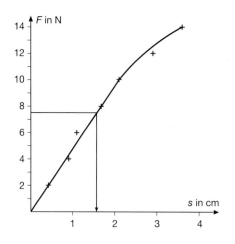

b Bis etwa 2 cm gilt das Hookesche Gesetz:
D aus der Zeichnung:
$5\ \dfrac{\text{N}}{\text{cm}}$.

Aus der Tabelle ergibt sich bis 2,1 cm als Mittelwert
$D_{\text{Mittel}} = 4,9\ \dfrac{\text{N}}{\text{cm}}$.

c Für $F = 7,5\ \text{N}$ wird
$$s = \frac{7,5\ \text{N}}{5\ \dfrac{\text{N}}{\text{cm}}} = 1,5\ \text{cm.}$$
Das ist eine gute Übereinstimmung mit dem Diagramm.

Zur Gewichtskraft und Masse

16a Auf der Erde: Die Gewichtskraft ist die Kraft, mit der der Gegenstand von der Erde angezogen wird.
Allgemein bedeutet die Gewichtskraft die wechselseitige Anziehung zwischen zwei Gegenständen, also z. B. zwischen Erde und Gegenstand, Mond und Gegenstand, Himmelskörper und Gegenstand.
b Die Masse ist die vom Ort unabhängige Größe (Eigenschaft) eines Körpers, die als Ursache für die gegenseitige Anziehung von Körpern angesehen wird.
c – Der Abstand von der Erde kann sich ändern.
    – Die Masse des anziehenden Körpers kann sich ändern.

17 Rechnung mit dem Ortsfaktor $10\ \dfrac{N}{kg}$

1	kg	Wasser :	10 N	
1	t	Butter :	10 000 N	= 10 kN
500 g		Wurst :	5 N	
200 mg		Diamant:	0,002 N =	0,2 cN

18 In Ghana, da man bei (nahezu) gleichem Ortsfaktor die gleiche Masse erhält.

19 Richtig: 320 g Einwaage.
Falsch: 80 t Tragkraft, 6000 t Schub.

20 – Nur möglich, falls der Ortsfaktor bekannt ist.
    – Messung ist direkt möglich.
    – Mit dem Massenansatz ist der Ortsfaktor zu bestimmen, dann ist die Massenbestimmung möglich.

Zusammenwirken von Kräften

21 200 N + 100 N = 300 N

22 Greifen in einem Punkt mehrere Kräfte an, so kann man diese durch eine einzige Kraft ersetzen. Diese Kraft heißt Ersatzkraft. Sie greift im gleichen Punkt an und hat als Einzelkraft die gleiche Wirkung wie alle Teilkräfte zusammen.

23 Konstruktionsvorschrift nach Buch S. 143.

24 Zwei Kraftpfeile, die von einem Punkt ausgehen, werden zu einem Parallelogramm, dem Kräfteparallelogramm, so ergänzt, daß die Diagonale ihre Ersatzkraft wird.

25 siehe Zeichnung:

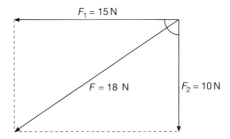

26 siehe Zeichnung:

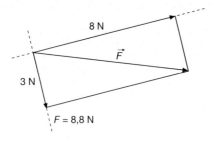 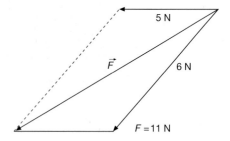

27 siehe Zeichnungen:
$\alpha = 45°$

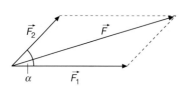

F_1 in N	2	5	6	8	12	20	24	27
F_2 in N	1	4	5	9	15	20	12	45
F in N	2,8	8,3	10,2	15,7	25,0	37,0	33,6	66,9

$\alpha = 90°$

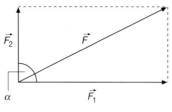

F_1 in N	2	5	6	8	12	20	24	27
F_2 in N	1	4	5	9	15	20	12	45
F in N	2,2	6,4	7,8	12,0	19,2	28,3	26,8	52,5

$\alpha = 135°$

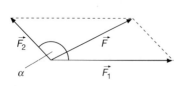

F_1 in N	2	5	6	8	12	20	24	27
F_2 in N	1	4	5	9	15	20	12	45
F in N	1,5	3,6	4,3	6,6	10,7	15,3	17,7	32,2

Schwierige Probleme

28 Wenn die Ersatzkraft aller Teilkräfte den Betrag 0 N hat, dann herrscht Kräftegleichgewicht.

29 Ja. Einzelkräfte: Gewichtskraft und Gegenkraft des Tisches.
Ersatzkraft: 0 N.

30 a – Straßenlampe an einem Seil.
  – Wäsche auf der Leine.
  – Beil spaltet Holz.
b Siehe Konstruktionsvorschrift nach Buch S. 144.

31 Siehe Zeichnung:

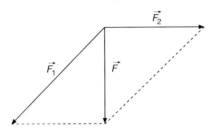
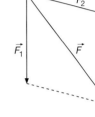

$F_1 = 4$ N
$F_2 = 3$ N
$F = 2,8$ N

$F_1 = 2,8$ N
$F_2 = 2,8$ N
$F = 4$ N

32 120°.

33 Die Kräfte bilden ein rechtwinkliges Dreieck. Siehe Zeichnung:

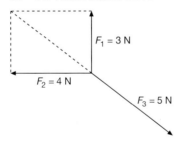

$F_1 = 3$ N

$F_2 = 4$ N

$F_3 = 5$ N

Flüssigkeiten und Gase Seite 149–160

Zur Dichte

1a $m = \rho\, V = 1\ \text{g/cm}^3 \cdot 250\ \text{cm}^3 = 250\ \text{g}$ (Wasser)
$= 0{,}7\ \text{g/cm}^3 \cdot 250\ \text{cm}^3 = 175\ \text{g}$ (Benzin)
$= 0{,}8\ \text{g/cm}^3 \cdot 250\ \text{cm}^3 = 200\ \text{g}$ (Petroleum)
$= 1{,}3\ \text{g/cm}^3 \cdot 250\ \text{cm}^3 = 325\ \text{g}$ (Glycerin)

b $V = m/\rho = 250\ \text{g} : 0{,}7\ \text{g/cm}^3 = 357\ \text{cm}^3$ (Benzin)
$= 250\ \text{g} : 0{,}8\ \text{g/cm}^3 = 313\ \text{cm}^3$ (Petroleum)
$= 250\ \text{g} : 1{,}3\ \text{g/cm}^3 = 192\ \text{cm}^3$ (Glycerin)

2 1: $60\ \text{cm}^3$ haben $474\ \text{g} \Rightarrow 7{,}9\ \text{g/cm}^3$ (Eisen)
2: $60\ \text{cm}^3$ haben $150\ \text{g} \Rightarrow 2{,}5\ \text{g/cm}^3$ (Beton)
3: $60\ \text{cm}^3$ haben $48\ \text{g} \Rightarrow 0{,}8\ \text{g/cm}^3$ (Ethanol)

Druck in Flüssigkeiten

3 $p = F/A = 40\ \text{N}/2\ \text{cm}^2 = 20\ \text{N/cm}^2 = 200\,000\ \text{Pa} = 200\ \text{kPa}$.

4 Tauchtiefe beträgt gerundet 11 000 m.
$$p = \rho \cdot g \cdot h = 1000\ \frac{\text{kg}}{\text{m}^3} \cdot 10\ \frac{\text{N}}{\text{kg}} \cdot 11\,000\ \text{m} = 1{,}1 \cdot 10^8\ \text{Pa}$$
$$F = p \cdot A = 1{,}1 \cdot 10^8\ \text{Pa} \cdot 0{,}01\ \text{m}^2 = 1\,100\,000\ \text{N} = 1{,}1 \cdot 10^6\ \text{N}$$

5 Der Druck in 1 m Wassertiefe: $p = \rho_{\text{Wasser}} \cdot g \cdot h = 1000\ \dfrac{\text{kg}}{\text{m}^3} \cdot 10\ \dfrac{\text{N}}{\text{kg}} \cdot 1\ \text{m}$
$= 10\,000\ \text{Pa} = 10\ \text{kPa}$

Die entsprechende Eintauchtiefe in Glycerin beträgt dann:
$$h = \frac{p}{\rho_{\text{Glyc}} \cdot g} = \frac{10\,000\ \text{Pa}}{1300\ \text{kg/m}^3 \cdot 10\ \text{N/kg}} = 0{,}77\ \text{m}$$

6a $p = \rho_{\text{Petr}} \cdot g \cdot h = 800\ \dfrac{\text{kg}}{\text{m}^3} \cdot 10\ \dfrac{\text{N}}{\text{kg}} \cdot 0{,}30\ \text{m} = 2\,400\ \text{Pa}$

b Im Punkt C beträgt die Petroleumhöhe 30 cm. Der Druck stimmt mit dem Ergebnis der Aufgabe 6 a überein. $P_\text{C} = 2\,400\ \text{Pa}$.
In den Punkten A und B ist die Petroleumhöhe jeweils 15 cm. Damit gilt $P_\text{A} = P_\text{B} = 1\,200\ \text{Pa}$.

7a $p = \dfrac{F_2}{A_2} = \dfrac{60\,000\ \text{N}}{400\ \text{cm}^2} = 150\ \dfrac{\text{N}}{\text{cm}^2} = 1\,500\,000\ \text{Pa} = 1\,500\ \text{kPa}$

b $F_1 = p \cdot A_1 = 150\ \dfrac{\text{N}}{\text{cm}^2} \cdot 5\ \text{cm}^2 = 750\ \text{N}$

c $V_1 = V_2 \Rightarrow A_1 \cdot s_1 = A_2 \cdot s_2 \Rightarrow s_1 = \dfrac{400\ \text{cm}^2 \cdot 2\ \text{m}}{5\ \text{cm}^2} = 160\ \text{m}$

8a Die Wassersäule über dem Bezugsniveau erzeugt den gleichen Druck wie das Petroleum.
Aus $V_{\text{Petrol.}} = 40\ \text{cm}^3$ und $A_1 = 20\ \text{cm}^2$ folgt für die Höhe h_1 des Petroleums $h_1 = 40\ \text{cm}^3 : 20\ \text{cm}^2 = 2\ \text{cm}$.
Die Wasserhöhe h_2 erhält man aus der Druckgleichheit.
$$p_1 = p_2 \Rightarrow \rho_{\text{Wasser}} \cdot g \cdot h_2 = \rho_{\text{Petrol.}} \cdot g \cdot h_1 \Rightarrow h_2 = \frac{\rho_{\text{Petrol.}}}{\rho_{\text{Wasser}}} \cdot h_1 = \frac{0{,}8}{1} \cdot 2\ \text{cm} = 1{,}6\ \text{cm}$$
Die Differenz der beiden Höhen 2 cm – 1,6 cm = 0,4 cm ist der Höhenunterschied.
b Das Petroleum muß in beiden Röhren gleichen Druck ausüben. Es muß daher in beiden Röhren 2 cm hoch stehen. Aus $A_2 = 40\ \text{cm}^2$ und $h = 2\ \text{cm}$ folgt die Nachfüllmenge $80\ \text{cm}^3$ Petroleum.

Zum Luftdruck

9 $F = p \cdot A = 100\,000\ \text{Pa} \cdot 0{,}01\ \text{m}^2 = 1\,000\ \text{N}$
Von innen wirkt ein gleich großer Druck.

10 Der Schweredruck einer 20 cm hohen Wassersäule beträgt:
$p = \rho_{\text{Wasser}} \cdot g \cdot h = 2\,000\ \text{Pa}$.
Der Unterschied zum äußeren Luftdruck 1 000 hPa − 20 hPa = 980 hPa ist der
Druck in der Mundhöhle.
Bemerkung: Hier läßt sich das „Saugproblem" ansprechen. Pumphöhe 10 m.

11 Der Luftdruck erzeugt den Gegendruck zum Schweredruck der Quecksilber-
säule der Höhe h.
Wegen der genauen Druckangabe 1031 hPa wird hier mit dem Ortsfaktor 9,81 N/kg
gerechnet.
$$h = \frac{p}{\rho_{\text{Hg}} \cdot g} = \frac{101\,300\ \text{Pa}}{13\,600\ \text{kg/m}^3 \cdot 9{,}81\ \text{N/kg}} = 75{,}9\ \text{cm}$$

Zum Auftrieb

12 a Der Auftrieb ist so groß wie die Gewichtskraft der verdrängten Flüssigkeit.
$$F_A = m_{\text{Wasser}} \cdot g = \rho_{\text{Wasser}} \cdot V_{\text{verd.}} \cdot g \Rightarrow V_{\text{verd}} = \frac{F_A}{\rho_{\text{Wasser}} \cdot g} = \frac{0{,}54\ \text{N} - 0{,}34\ \text{N}}{1\,000\ \text{kg/m}^3 \cdot 10\ \text{N/kg}}$$
$$= 20\ \text{cm}^3$$
$$\rho_{\text{Kör}} = \frac{m}{V} = \frac{F_{\text{in Luft}}}{g \cdot V} = \frac{0{,}54\ \text{N}}{10\ \text{N/kg} \cdot 20\ \text{cm}^3} = 2{,}7\ \frac{\text{g}}{\text{cm}^3}\ (\text{Aluminium})$$
b Der Auftrieb in der unbekannten Flüssigkeit beträgt: 0,54 N − 0,38 N = 0,16 N
$$\Rightarrow \text{Dichte } \rho = \frac{0{,}16\ \text{N}}{20\ \text{cm}^3 \cdot 10\ \text{N/kg}} = 0{,}8\ \frac{\text{g}}{\text{cm}^3}$$

13 a Berechnung der mittleren Dichte $\rho_{\text{mittel}} = \frac{1}{2}\,(\rho_{\text{Alu}} + \rho_{\text{Styr}}) =$
$\frac{1}{2}\,(2{,}7\ \text{g/cm}^3 + 0{,}02\ \text{g/cm}^3) = 1{,}36\ \text{g/cm}^3 > \rho_{\text{Wasser}}$. Die Kombination der beiden Körper sinkt.
b Die mittlere Dichte der Kombination muß die Dichte des Wassers ergeben.
Masse der Kombination: $m = \rho_{\text{Styr}} \cdot V_{\text{Styr}} + \rho_{\text{Fe}} \cdot V_{\text{Fe}}$
Volumen der Kombination $V = V_{\text{Styr}} + V_{\text{Fe}}$
mittlere Dichte
$$\rho = \frac{V}{m} = \frac{\rho_{\text{Styr}} \cdot V_{\text{Styr}} + \rho_{\text{Fe}} \cdot V_{\text{Fe}}}{V_{\text{Styr}} + V_{\text{Fe}}} = \rho_{\text{Wasser}} \Rightarrow V_{\text{Fe}}\,(\rho_{\text{Fe}} - \rho_{\text{Wasser}}) = V_{\text{Styr}}\,(\rho_{\text{Wasser}} - \rho_{\text{Styr}})$$
$$\frac{V_{\text{Fe}}}{V_{\text{Styr}}} = \frac{\rho_{\text{Wasser}} - \rho_{\text{Styr}}}{\rho_{\text{Fe}} - \rho_{\text{Wasser}}} = \frac{1 - 0{,}02}{7{,}9 - 1} = 0{,}14$$
Für das Volumenverhältnis gilt: $V_{\text{Fe}} : V_{\text{Styr}} = 14 : 100 = 7 : 50 \approx 1 : 7$

Kraftwandler   *Seite 161–172*

Hebel und Hebelgesetz

1   siehe Skizzen

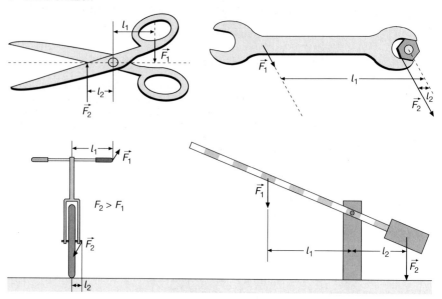

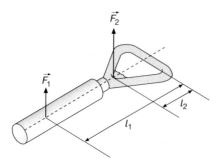

2   Nach dem Hebelgesetz gilt: $F_1 \cdot l_1 = F_2 \cdot l_2$. Bei großem l_2 ist die Kraft F_2 zum Schneiden zu klein. Die Schere muß weit geöffnet sein, damit l_2 klein genug wird. (Siehe Skizze).

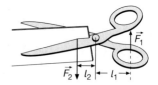

3   Die Steinplatte drückt mit einer Kraft von 18 kN : 2 = 9 kN auf die Brechstange. Es gilt: 9 kN · 0,30 m = F · 1,20 m => F = (9 kN · 0,30 m) : 1,20 m = 2,25 kN

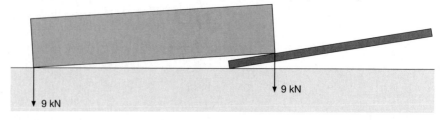

4	F_1	l_1	F_2	l_2
a	2,5 N	3 cm	1,5 N	5 cm
b	5 kN	8 m	13,3 kN	3 m
c	100 N	3 m	150 N	2 m
d	0,94 N	0,85 m	2 kN	40 cm

Gleichgewicht und Schwerpunkt

5 Je tiefer der Schwerpunkt liegt, desto größer ist die Standfestigkeit. Das Fahrzeug kippt nicht bei schnellen Kurvenfahrten.

6 Auf jede Seite einer Tafelwaage werden drei Kugeln gelegt. Liegt die schwerere Kugel nicht auf der Waage, dann bleibt diese im Gleichgewicht, andernfalls neigt sie sich. Nach dieser Wägung weiß man, in welcher Dreiergruppe die schwere Kugel ist. Jetzt wird von diesen Kugeln je eine auf die Waage gelegt. Bleibt die Waage im Gleichgewicht, dann ist die dritte Kugel die schwerere.

Seil, Rolle, Flaschenzug

7 Der Fahrer könnte das Seil der Winde durch die Abschleppöse ziehen. Das Seilende und die Winde müßten an einem Gegenstand (z. B. an einem Baum) befestigt werden. Die Zugkraft wird dadurch verdoppelt.

8 $F_{Last} = 3\,500\ N + 100\ N = 3\,600\ N$
Zugkraft ohne Berücksichtigung der Reibung: $F_{Zug} = 3\,600\ N : 6 = 600\ N$
Reibungskraft beträgt 17 % von 600 N, also $600\ N \cdot 0{,}17 = 102\ N$
Gesamtkraft: $600\ N + 102\ N = 702\ N$

9	Last	Zugkraft bei		
	Gewichtskraft	fester Rolle	loser Rolle	Flaschenzug (n = 4)
a	20 000 N	20 000 N	10 000 N	5 000 N
b	10 000 N	10 000 N	5 000 N	2 500 N
c	5 000 N	5 000 N	2 500 N	1 250 N
d	16 000 N	16 000 N	8 000 N	4 000 N

10 a Die Last wird von 4 Seilstücken getragen. $F_{zug} = F_{Last} : 4$
b Die Zugkraft wird nach jeder losen Rolle halbiert. Es gilt $F_{Zug} = (F_{Last} : 2) : 2$
$\Rightarrow F_{zug} = F_{Last} : 4$

11 Die Beschleunigungsstrecke und die Geschwindigkeit des Modellflugzeuges ist doppelt so groß wie die Laufstrecke und Geschwindigkeit des Kindes.

Reibungskräfte

12 Die Normalkraft auf ebener Straße beträgt: $F_N = 800\ kg \cdot 10\ N/kg = 8\,000\ N$.
Mit den Reibungszahlen auf Seite 170 erhält man:

Autoreifen auf	Haftreibung	Gleitreibung
– Asphalt	von $F_R = 0{,}4 \cdot 8\,000\ N = 3\,200\ N$ bis $F_R = 0{,}8 \cdot 8\,000\ N = 6\,400\ N$	von $F_R = 0{,}3 \cdot 8\,000\ N\ = 2\,400\ N$ bis $F_R = 0{,}6 \cdot 8\,000\ N\ = 4\,800\ N$
– Beton	von $F_R = 0{,}6 \cdot 8\,000\ N = 4\,800\ N$ bis $F_R = 1 \cdot 8\,000\ N\ \ = 8\,000\ N$	von $F_R = 0{,}33 \cdot 8\,000\ N = 2\,640\ N$ bis $F_R = 0{,}7 \cdot 8\,000\ N\ = 5\,600\ N$
– Eis	$F_R = 0{,}2 \cdot 8\,000\ N = 1\,600\ N$	$F_R = 0{,}1 \cdot 8\,000\ N\ = \ \ 800\ N$

Schwierige Probleme

13 Kraft in A_2 : $F = (F_{Last} \cdot 20\text{ cm}) : 10\text{ cm} = 2 \cdot F_{Last}$
Kraft in B : $F = (2 \cdot F_{Last} \cdot 30\text{ cm}) : 15\text{ cm} = 4 \cdot F_{Last}$
Man muß im Punkt B_2 mit der Kraft $F = 4 \cdot F_{Last}$ nach oben ziehen.

14 Die Gewichtskraft wirkt über eine lose Rolle am Ende des Hebel, daher gilt
$F_1 = F_{Last} : 2 = 2\text{ N} : 2 = 1\text{ N}$.
Aus dem Hebelgesetz folgt: $F_2 = (1\text{ N} \cdot 30\text{ cm}) : 15\text{ cm} = 2\text{ N}$.

Arbeit und Energie *Seite 173–182*

Mechanische Arbeit

1 $W = 4,5 \text{ kN} \cdot 17 \text{ m} = 76,5 \text{ kJ}$

2 $W = 108 \text{ N} \cdot 15 \text{ m} = 5,94 \text{ kJ}$

3 $W = 0$ J, da die Komponente der Gewichtskraft in Richtung des Weges null ist.

4 Der alte Herr irrt sich; er hat die Goldene Regel vergessen.

5 $W = 400 \text{ N} \cdot 9 \text{ m} = 3,6 \text{ kJ}$

6 An der Feder wird die Arbeit $W = 1/2 \cdot 8 \text{ N} \cdot 0,1 \text{ m} = 0,4 \text{ J}$ verrichtet.
Damit kann die Masse 0,4 J : 8 N = 0,05 m angehoben werden (mit $g = 10 \, \frac{\text{m}}{\text{s}^2}$).

Mechanische Leistung

7 Es gilt $W = F \cdot s$ und $P = W/t$. Somit $P = F \cdot s/t = F \cdot v$.

8 Aus $t = W/P$ folgt mit $W = m \cdot g \cdot h$ (mit $g = 10 \, \frac{\text{m}}{\text{s}^2}$) : $t = \dfrac{3\,000 \text{ kg} \cdot 10 \, \frac{\text{m}}{\text{s}^2} \cdot 5 \text{ m}}{4 \text{ kW}}$
$= 37,5$ s.

9 $P = \dfrac{80 \text{ kg} \cdot 10 \, \frac{\text{m}}{\text{s}^2} \cdot 1\,200 \text{ m}}{7\,200 \text{ s}} = 133$ W.

10 Aus $P = W/t = F_\text{G} \cdot h/t$ folgt $F_\text{G} = P \cdot t/h = \dfrac{1\,000 \text{ W} \cdot 1 \text{ s}}{2 \text{ m}} = 500$ N.

11 $P = \dfrac{2 \cdot 10^7 \text{ kg} \cdot 10 \, \frac{\text{m}}{\text{s}^2} \cdot 50 \text{ m}}{1 \text{ s}} = 1 \cdot 10^{10} = 10\,000\,000 \text{ kW} = 10\,000 \text{ MW}.$

Mechanische Energie

12 $E_\text{L} = F_\text{G} \cdot h = 720 \text{ N} \cdot 5,75 \text{ m} = 4\,140 \text{ J}.$

13 Energie der Lage E_L, Energie der Bewegung E_B, Energie der Verformung E_v.

14 Aufgestautes Wasser treibt Turbinen, hochgezogene Massestücke einer Pendeluhr treiben die Zeiger, der gehobene Rammblock treibt Pfähle in den Boden.

15 Zum Spannen der Feder mußte Arbeit verrichtet werden; die gespannte Feder kann beim Entspannen Arbeit verrichten, z. B. ein Spielzeugauto antreiben.

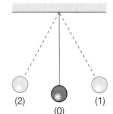

16 (0) → (1) Am Pendel wird Hubarbeit verrichtet.
(1) E_L hat maximalen Wert.
(1) → (0) E_L nimmt ab; dabei wird Arbeit zur Beschleunigung verrichtet; die Energie der Bewegung nimmt zu.
(0) $E_\text{L} = 0$; E_B ist maximal und hat den gleichen Betrag den E_L in (1) hatte
(wenn man von Reibungsverlusten absieht).
(0) → (2) Hubarbeit wird verrichtet, dabei nimmt E_B ab.
(2) E_L ist maximal; $E_\text{B} = 0$.

17 Beim Aufziehen der Uhr wird Hubarbeit an den „Gewichten" verrichtet. Die „Gewichte" haben dann Energie der Lage. Beim Laufen der Uhr sinken die „Gewichte" langsam nach unten. Die Energie der Lage nimmt ab. Sie wird in Bewegungsenergie des Laufwerkes (einschließlich des Pendels) und der Zeiger umgesetzt.

18 Energie der Verformung der Feder → Arbeit zur Beschleunigung → Hubarbeit → Energie der Lage → Arbeit zur Beschleunigung nach unten → Arbeit zur Verformung beim Aufprall am Boden.

Schwierige Probleme

19 Das Produkt aus Kraft in Wegrichtung und Weg bleibt gleich, d. h. man kann entweder „Kraft sparen", muß dafür aber einen längeren Weg in Kauf nehmen, oder man kann „Weg sparen", wofür aber eine größere Kraft erforderlich ist.

20 Aus $s = $ const folgt zwar immer noch $W \sim F$, was sinnvoll ist, aber aus $F = $ const folgt $W \sim 1/s$, was unserem Empfinden widerspricht.

21 Weil F während des Weges s nicht konstant ist, sondern linear mit s anwächst.

22 Unter der Annahme, daß die Energie der Bewegung vollständig in Energie der Lage umgesetzt wird, gilt: $E_B = m \cdot g \cdot h$.
Daraus folgt:
$$h = \frac{2\,000 \text{ J}}{65 \text{ kg} \cdot 10\,\frac{m}{s^2}} = 3{,}08 \text{ m} \quad \text{(mit } g = 10\,\frac{m}{s^2}\text{)}.$$

23 $W = 50 \text{ kWh} = 50 \cdot 3\,600 \text{ kJ} = 180\,000 \text{ kJ}$. Aus $m \cdot g \cdot h = 180\,000 \text{ kJ}$ folgt $h = 18\,000 \text{ m} = 18 \text{ km}$.

Innere Energie Seite 183–198

Temperatur und innere Energie

1 Auf der in den USA üblichen Fahrenheitsskala entsprechen 32° F erst 0° C.

2 Da sich die beiden Metallschichten bei gleicher Temperaturänderung unterschiedlich stark ausdehnen, muß sich der Bimetallstreifen zwangsläufig krümmen.

3 Auf einer Skala werden zwei Stellungen der Thermometersäule markiert, eine bei einer reproduzierbaren tieferen Temperatur, eine bei einer reproduzierbaren höheren Temperatur. Dazwischen wird beliebig, aber vereinbart, geteilt.

4 Allgemein läßt sich die innere Energie eines Körpers erhöhen, wenn Arbeit an dem Körper verrichtet wird (z. B. Verformung). Insbesondere kann die innere Energie durch Leitung, Konvektion oder Strahlung erhöht werden.

5 Die Zu- oder Abnahme der Temperatur ist ein Maß für die Änderung der inneren Energie.

Längen- und Volumenänderung

6 $\Delta l = \alpha \cdot l_0 \cdot \Delta \vartheta = 0{,}012 \dfrac{mm}{m \cdot K} \cdot 2\ m \cdot 30\ K = 0{,}72\ mm.$

7 $\Delta l = \alpha \cdot l_0 \cdot \Delta \vartheta$; für $T = -20°\ C$: $0{,}012 \dfrac{mm}{m \cdot K} \cdot 400\ m \cdot -20\ K = -9{,}6\ cm$;

für $T = 40°\ C$: $0{,}012 \dfrac{mm}{m \cdot K} \cdot 400\ m \cdot 40\ K = 19{,}2\ cm.$

8 Alle Gase.

9 Feste Stoffe, wie Porzellan, Beton, Stahl.

10 Wasser hat bei 4° C seine größte Dichte.

11 z. B. Gummi, aber auch Wasser beim Gefrieren.

12 Bei 4° C hat Wasser sein geringstes Volumen. In der Umgebung dieser Temperatur ist also aufgrund der Volumenänderung keine eindeutige Temperaturangabe möglich.

13 Nach der allgemeinen Gasgleichung ist die Volumenänderung (bei konstantem Druck) bei Änderung der Temperatur für alle Gase gleich und deutlich größer als bei festen und flüssigen Stoffen.

14 Durch Strahlung wird die innere Energie (und damit die Temperatur) des Füllgases erhöht. Dies führt zur Vergrößerung des Druckes, wodurch sich die Ballonhülle weiter aufbläht. Im Extremfall platzt der Ballon, weil die Festigkeit der Hülle nicht ausreicht.

Leitung, Strahlung, Konvektion

15 Der Hohlraum soll Leitung und Konvektion verhindern, die Verspiegelung soll Strahlung verhindern.

16 Kunststoffe leiten die innere Energie schlecht. Andere geeignete Materialien wären z. B. Holz oder Glas (nach der Tabelle auf Seite 193).

Innere Energie **43**

17 Durch die Energiestrahlung der Sonne erhöhen dunkle Stellen des Bodens ihre innere Energie schneller als helle Stellen, d. h. die Bodentemperatur ist an dunklen Stellen höher. Damit dieser Effekt zum Tragen kommt, muß die Schneedecke bereits so dünn sein, daß die dunklen Stellen des Bodens durchschimmern.

18 Das Fell behindert den Luftaustausch zwischen Haut und Umgebung. Damit ist der Energietransport durch die Luft (Konvektion) behindert.

19 Die Energiestrahlung wird reflektiert.

20 Durch Strahlung wird das Wasser vom Brenner erwärmt, d. h. durch Energiestrahlung werden die Metallrohre erwärmt, das darin fließende Wasser wird durch Energieleitung erwärmt. Das Wasser transportiert dann die Energie durch Konvektion in die Heizkörper. Dort wird die innere Energie durch Strahlung an die Luft abgegeben. Durch Konvektion verbreitet sich die erwärmte Luft im ganzen Raum.

21 Der zusätzliche Energieanteil wird als Energiestrahlung abgegeben.

22 Dem Sattel wird durch die Sonne mehr Energie durch Strahlung zugeführt, als er in der Zeit an die Umgebung durch Strahlung oder Leitung abgeben kann.

23 Weil die innere Energie des Thermometers durch die Sonnenstrahlung zusätzlich erhöht wird.

24 Über dem Heizkörper steigt die erwärmte Luft auf. Die Struktur des Heizkörpers bewirkt, daß die Luft nicht als gleichmäßige Schicht hochsteigt. Der in der Luft vorhandene Staub lagert sich auf der Tapete ab.

Schwierige Probleme

25 Allgemeine Gasgleichung:

$\frac{p \cdot V}{T}$ = const. Also $\frac{V_1}{T_1} = \frac{V_2}{T_2}$ <=> $V_2 = V_1 \cdot \frac{T_2}{T_1}$; $V_2 = 1 \, m^3 \cdot 393 \, K / 273 \, K = 1{,}44 \, m^3$.

26 Der Tee und die zwischen Tee und Deckel befindliche Luft kühlen sich allmählich ab. Dadurch verringert sich deren Volumen, der Druck in der Kanne nimmt ab und Luft strömt durch den nicht ganz geschlossenen Deckel bis sich wieder ein Gleichgewicht eingestellt hat.

27 Die Volumenausdehnungszahlen von Flüssigkeiten sind um Größenordnungen größer als diejenigen fester Stoffe. Die Volumenänderung des Thermometerglases kann daher gegenüber der Volumenänderung der Flüssigkeit vernachlässigt werden.

28 $\frac{p \cdot V}{T_1}$ = const. Also $\frac{p_1}{T_1} = \frac{p_2}{T_2}$ <=> $p_2 = p_1 \cdot \frac{T_2}{T_1}$; $p_2 = p_1 \cdot 303 \, K / 273 \, K = 1{,}11 \cdot p_1$,

also $\frac{\Delta p}{p_1} = 11 \, \%$

Innere Energie und Zustand   *Seite 199–212*

Zur Wärmekapazität

1 $\Delta E = c_{Al} \cdot m_{Al} \, (\vartheta_E - \vartheta_A) = 0{,}90 \, \dfrac{kJ}{kg\,K} \cdot 0{,}1 \, kg \cdot (305 \, K - 291 \, K) = 1{,}26 \, kJ.$

2 $\Delta\vartheta = \dfrac{\Delta E}{c_{Cu} \cdot m_{Cu}} = \dfrac{250 \, J}{0{,}385 \, \frac{J}{gK} \cdot 100 \, g} = 6{,}5 \, K.$

3 $\vartheta_m = \dfrac{m_1 \, \vartheta_1 + m_2 \, \vartheta_2}{m_1 + m_2} = \dfrac{120 \, g \cdot 291 \, K + 80 \, g \cdot 313 \, K}{120 \, g + 80 \, g} = 299{,}8 \, K \triangleq 26{,}8 \, C.$

4 $\vartheta_E = \dfrac{c_1 m_1 \vartheta_1 + c_2 m_2 \vartheta_2}{c_1 m_1 + c_2 m_2} = \dfrac{0{,}385 \, \frac{J}{gK} \cdot 40 \, g \cdot 313 \, K + 4{,}18 \, \frac{J}{gK} \cdot 100 \, g \cdot 293 \, K}{0{,}385 \, \frac{J}{gK} \cdot 40 \, g + 4{,}18 \, \frac{J}{gK} \cdot 100 \, g}$

$= \dfrac{4820 \, J + 122\,474 \, J}{15{,}4 \, \frac{J}{K} + 418 \, \frac{J}{K}} = \dfrac{127\,294 \, K}{433{,}4} = 294 \, K \triangleq 21 \, C.$

a5 $\Delta E = c_{st} \cdot m_{st} \cdot \Delta\vartheta = 0{,}7 \, \dfrac{kJ}{kg\,K} \cdot 90\,000 \, kg \cdot 10 \, K = 630\,000 \, kJ = 630 \, MJ.$

b $t = \dfrac{\Delta E}{18 \, \frac{kJ}{s}} = 35\,000 \, s \approx 9 \, h \, 45 \, min.$

c $V = \dfrac{\Delta E}{33{,}6 \, \frac{MJ}{l}} \cdot 0{,}9 = 16{,}875 \, l.$

6 $\Delta E_{ab} = -(\Delta E_w + \Delta E_G) = -c_w \cdot (m_w + 10 \, g) \cdot \Delta\vartheta =$

$-4{,}18 \, \dfrac{J}{gK} \cdot 140 \, g \cdot 9 \, K = -2\,340{,}8 \, J.$

$\Delta E_{auf} = -\Delta E_{ab} = 2\,340{,}8 \, J. \quad c_x = \dfrac{\Delta E_{auf}}{m \cdot \Delta\vartheta} = \dfrac{2\,340{,}8 \, J}{200 \, g \cdot 26 \, K} = 0{,}45 \, \dfrac{J}{gK}.$

Bei dem gesuchten Stoff könnte es sich um Eisen handeln.

Zur Änderung der Aggregatzustände

7a $E_s = 33{,}5 \, kJ; \, E = 41{,}8 \, kJ; \, E_v = 225{,}7 \, kJ.$

b $\Delta\vartheta = \dfrac{\Delta E}{c \cdot m} = \dfrac{335 \, J}{4{,}18 \, \frac{J}{gK} \cdot 1 \, g} = 80{,}1 \, K.$

8a

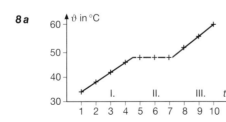

I. Temperaturerhöhung des festen
    Körpers
II. Der feste Körper schmilzt
III. Temperaturerhöhung des flüssigen
    Stoffes

b $\vartheta(1 \, min) = 34° \, C; \, \vartheta(4 \, min) = 46° \, C \Rightarrow \Delta\vartheta = 12 \, K$

$E(1 \, min) = 10 \, \dfrac{J}{s} \cdot 60 \, s = 600 \, J; \, E(4 \, min) = 2\,400 \, J \Rightarrow \Delta E = 1800 \, J.$

c $= \dfrac{\Delta E}{m \cdot \Delta\vartheta} = \dfrac{1800 \, J}{100 \, g \cdot 12 \, K} = 1{,}5 \, \dfrac{J}{gK}.$

Zu Kühlschrank und Wärmepumpe

9 Im Raum erhöht sich die Temperatur, da beim Betrieb im Kompressor elektrische Energie in innere Energie umgesetzt wird.

10 Bei 25° C ergibt sich eine deutlich höhere Kompressorarbeit, da der Siedepunkt bei einer höheren Temperatur erreicht werden muß.

Zu den Wärmekraftmaschinen

11 In den Phasen 1, 2 und 4 wird von außen Energie zugeführt. In Phase 3 verrichtet der Kolben Arbeit an der Kurbelwelle.

Elektrische Energie   *Seite 213–226*

Elektrische Energie und Leistung

1 Die Energie der Lage des Massestücks nimmt ab. Sie wird umgesetzt in
– Energie der Bewegung des Massestücks
– Energie der Bewegung (Drehbewegung) des Dynamos
– elektrische Energie
Die elektrische Energie tritt in der Drehspule des Dynamos auf.

2 Die elektrische Energie ist proportional zum Quadrat der elektrischen Spannung $E = U^2 \cdot t/R$.

3 $P = U \cdot I \cdot t = 3{,}5 \text{ V} \cdot 2 \text{ A} \cdot 5\,400 \text{ s} = 37\,800 \text{ J} = 37{,}8 \text{ kJ}$.

4 a Mit Hilfe des Tauchsieders wird eine bekannte Menge Wasser erhitzt. Die Wassertemperaturen werden in Abhängigkeit von der Zeit gemessen. Die eingesetzte elektrische Energie kann durch Messung der Spannung und der Stromstärke über $\Delta E_{el} = U \cdot I \cdot \Delta t$ bestimmt werden, die innere Energie des Wassers über $\Delta E_w = c_w \cdot m_w \cdot \Delta\vartheta$. Differenzen zwischen diesen beiden Werten sind auf die Vernachlässigung der Energieaufnahme durch Thermometer, Bechermaterial usw. zurückzuführen (siehe Teil c der Aufgabe).

b Mit $Q = I \cdot t$ und $\Delta E = c_w \cdot m_w \cdot \Delta\vartheta$ folgt:

t in s	0	60	120	180	240
$\Delta\vartheta$ in K	–	2	4	6	8
ΔE in kJ	–	2,5	5,0	7,5	10,0
Q in As	–	240	480	720	960

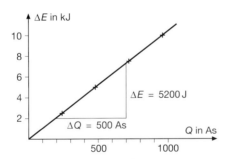

$$U = \frac{\Delta E}{Q} = \frac{5\,200 \text{ J}}{500 \text{ As}} = 10{,}4 \text{ V}$$

c Da die in der Aufgabe angeführten Parameter in der Rechnung nicht berücksichtigt werden, wird die aus den elektrischen Daten ermittelte Energie stets größer sein, als die aus der Temperaturänderung ermittelte Energie.

5 Weil mit zunehmendem Widerstand die Stromstärke abnimmt, falls die Spannung konstant ist. Bei variabler Spannung und für festes R geht die Stromstärke quadratisch in die Energie ein.

6 a $E = P \cdot t = c \cdot m \cdot \Delta\vartheta <=> t = \dfrac{418 \frac{\text{kJ}}{\text{kg K}} \cdot 1 \text{ kg} \cdot 80 \text{ K}}{2 \text{ kW}} = 167{,}2 \text{ s}$. Also etwa 3 min.

b $\Delta E = P \cdot \Delta t = 2 \text{ kW} \cdot 1 \text{ s} = 2 \text{ kJ}$.

c $P = U \cdot I = U \cdot U/R <=> R = U^2/P = (230 \text{ V})^2 / 2\,000 \text{ W} = 26{,}45 \ \Omega$.

7 Es ist $I = Q / t$, dort also ist die Zeit enthalten.

8 Die Energieersparnis beträgt $\Delta E = 365 \cdot 4\,h \cdot 40\,W = 58{,}4\,kWh$. Man spart also 14,60 DM.

9 $P = U \cdot I = 230\,V \cdot 16\,A = 3\,680\,W = 3{,}68\,kW$.

10 Bei konstantem Widerstand ist die Leistung proportional zum Quadrat der Spannung. Die Änderung der Leistung in Prozent beträgt demnach
$\dfrac{\Delta P}{P} = \dfrac{U^2 - U_0^2}{U_0^2}$, d. h. zwischen −16,6 % bis +8,9 % (mit $U_0 = 230$ V).

11

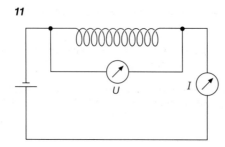

Die Meßgeräte werden wie in nebenstehender Zeichnung geschaltet. Die Spannungsquelle wird so eingestellt, daß $U = 12$ V ist. Dann muß das Strommeßgerät 2,5 A anzeigen.

Energie und Leistung bei Parallel- und Reihenschaltung

12 a $U = 20$ V; $I = 0{,}4$ A; $P = 8$ W
   b $U = \ \ 0$ V; $I = 0 \ \ $ A; $P = 0$ W
   c $U = 10$ V; $I = 0{,}1$ A; $P = 1$ W
   d $U = 20$ V; $I = 0{,}2$ A; $P = 4$ W
   e $U = 10$ V; $I_{ges} = 0{,}4$ A; $I_2 = 0{,}2$ A; $P = 4$ W.

13 Sie müssen parallel geschaltet werden, dann ist die Gesamtstromstärke und damit die Gesamtleistung am größten.
$R_1 = 0{,}4\,\Omega\,mm^2/m \cdot 18{,}3\,m/0{,}2\,mm = 36{,}6\,\Omega$.
$R_2 = 0{,}4\,\Omega\,mm^2/m \cdot 27{,}5\,m/\,0{,}2\,mm = 55\,\Omega$.
$R_{ers} = 22\,\Omega$. $P = U^2/R = (230\,V)^2/22\,\Omega = 2\,404\,W \approx 2{,}4\,kW$.

14 a $1/R_x = 1/(2\,\Omega) - 1/(6\,\Omega + 4\,\Omega) = 0{,}4\,1/\Omega \Longleftrightarrow R_x = 2{,}5\,\Omega$.
b Wegen $P = U^2/R$ wird die meiste Leistung in R_x umgesetzt.

15 „Starke Geräte" bedeutet Geräte hoher elektrischer Leistung, das bedeutet bei vorgegebener Spannung eine hohe Stromstärke. Wegen des elektrischen Widerstandes der Zuleitung wird elektrische Energie in innere Energie des Zuleitungsmaterials umgesetzt. Das führt zu einer Temperaturerhöhung der Zuleitung. Durch Ausrollen der Leitung kann ein Wärmestau vermieden werden.

16 a Der Innenwiderstand des Gerätes ist $R = U^2/P = 529\,\Omega$; die Stromstärke ist $I = P/U = 0{,}435$ A. Der Widerstand des Kabels ($R_K = 0{,}5\,\Omega$) kann in der Reihenschaltung vernachlässigt werden. Für die Leistung, die im Kabel umgesetzt wird, gilt $P_K = R_K \cdot I^2 = 0{,}095$ W.
b Der Innenwiderstand des Gerätes ist $R = U^2/P = 1{,}44\,\Omega$; die Reihenschaltung aus Gerät und Kabel hat den Widerstand $R_{ers} = 1{,}94\,\Omega$. Die Stromstärke $I = U/R = 6{,}19$ A. Die auf das Kabel entfallende Spannung beträgt $U_K = R_K \cdot I = 3{,}1$ V. Die im Kabel umgesetzte Leistung beträgt $P_K = I^2 \cdot R_K = 19{,}16$ W.

17 a 1: Alle drei Lampen brennen gleich hell und zwar so hell wie L.
2: Alle drei Lampen brennen gleich hell, aber nicht so hell wie L.
3: A brennt so hell wie L, B und C brennen gleich hell, aber nicht so hell wie L.
4: B und C brennen gleich hell; alle drei brennen aber weniger hell als L.

b Der Lampenwiderstand beträgt $R_L = U^2 / P = 36$ V / 3 W = 12 Ω.
0: $P_L = U^2 / R = 9$ / 12 W = 0,75 W.
1: $P_A = P_B = P_C = P_L$; $P_{ges} = 3 \cdot 0,75$ W.
2: $P_A = P_B = P_C = P_L$ / 9; $P_{ers} = 9$ / 36 W = 0,25 W.
3: $P_A = P_L$; $P_B = P_C = P_L$ / 4; $P_{B+C} = 9$ / 24 W = 0,375 W; $P_{ges} = 0,75$ W + 0,375 W = 1,125 W.
4: $R_{ers} = 18\ \Omega$; $I = 1$ / 6 A; $P_{ges} = 1$ / 2 W; $P_A = R \cdot I^2 = 1$ / 3 W; $P_B + P_C = 1$ / 6 W; $P_B = P_C = 1$ / 12 W.

Aufwand und Nutzen

18 a $P = U \cdot I = 12$ V $\cdot$ 0,75 A = 9 W.
b Wegen des Widerstandes der Drehspule wird elektrische Energie in innere Energie umgesetzt. Außerdem entstehen Reibungsverluste an den rotierenden Teilen.

19 a $I = P/U = 4,2$ MW / 15 kV = 280 A.
b $\Delta E = 150$ kWh können in $\Delta t = 2,5$ min zurückgewonnen werden.
$$I = \frac{\Delta E}{U \cdot \Delta t} = \frac{150 \cdot 3\,600\ kWs}{15\ kV \cdot 2,5 \cdot 60\ s} = 240\ A.$$

20 Die elektrische Arbeit beträgt $W_{el} = U \cdot I \cdot t = 4$ V $\cdot$ 0,8 A $\cdot$ 3,4 s = 10,88 J.

Die mechanische Arbeit beträgt $W_{mech} = m \cdot g \cdot h = 0,2$ kg $\cdot$ 10 $\frac{m}{s^2} \cdot$ 1 m = 2 J.

Die elektrische Arbeit ist größer. Der Unterschied wird durch Umsetzung von elektrischer Energie in innere Energie der Leitungen des Motors verursacht. Außerdem wird stets auch Reibungsarbeit im Motor zu verrichten sein.

Spannungsteiler

21 Die Spannung an einem Spannungsteiler wird im Verhältnis der Teilwiderstände aufgeteilt. Wird mit einer der Teilspannungen ein Gerät betrieben, so bildet der Gerätewiderstand mit dem entsprechenden Teilwiderstand des Spannungsteilers eine Parallelschaltung zweier Widerstände. Deren Ersatzwiderstand ist aber kleiner als jeder der beiden Einzelwiderstände, d. h. auch die Teilspannung ist jetzt kleiner.

22 a Sei U_0 die Spannung der Quelle, dann sind $U_i = U_o \cdot R_i$ / $(R_1 + R_2)$
(mit $i = 1,2$) die Teilspannungen. Also $U_1 = 24$ V $\cdot$ 120 Ω / 320 Ω = 9 V und
$$U_2 = 24\text{ V} \cdot 200\ \Omega / 320\ \Omega = 15\text{ V}.$$

b

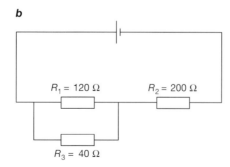

Der Ersatzwiderstand der Parallelschaltung von R_1 und R_3 ist
$$\frac{1}{R_{ers}} = \frac{1}{120\ \Omega} + \frac{1}{40\ \Omega} = \frac{1}{30\ \Omega}\ ;$$
also $R_{ers} = 30\ \Omega$
Der Gesamtwiderstand des Stromkreises beträgt dann $R_{ges} = R_{ers} + R_2 = 230\ \Omega$. Die Gesamtstromstärke beträgt $I = 0,1$ A. Die Teilspannungen betragen jetzt $U_1' = 24$ V $\cdot$ 30 Ω / 230 Ω = 3,13 V und $U_2' = 24$ V $\cdot$ 200 Ω / 230 Ω = 20,87 V.

Innenwiderstand

23 Die Gesamtleistung beträgt $P_{ers} = 6\,V \cdot 26\,A = 156\,W$. Am Widerstand des Stromkreises wird nur $P = 0,05\,\Omega \cdot (26\,A)^2 = 33,8\,W$ umgesetzt. Am Innenwiderstand der Quelle werden demnach $P_1 = 156\,W - 33,8\,W = 122,2\,W$ umgesetzt. Der Innenwiderstand der Quelle beträgt also

$$R_i = \frac{122,2\,W}{(26\,A)^2} = 0,18\,\Omega.$$

Alternativ: Am Widerstand des Stromkreises fallen $U = 26\,A \cdot 0,05\,\Omega = 1,3\,V$ ab. Demnach fallen am Innenwiderstand $U_i = 6\,V - 1,3\,V = 4,7\,V$ ab. Der Innenwiderstand beträgt

$$R_i = \frac{4,7\,V}{26\,A} = 0,18\,\Omega.$$

24 a

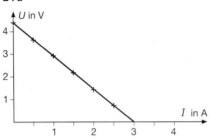

b Je kleiner der außen angeschlossene Widerstand wird, desto größer ist der Teil der Spannung, der am Innenwiderstand der Quelle abfällt.

c Die Flachbatterie hat unbelastet eine Spannung von 4,4 V. Wird ein Widerstand angeschlossen, so bilden Innenwiderstand der Batterie und äußerer Widerstand einen Spannungsteiler. Ein Teil der Spannung fällt am Innenwiderstand der Batterie ab. Es gilt $U_i = U_o - U$ (mit $U_o = 4,4\,V$). Für R ergeben sich dann folgende Werte:

I in A	0	0,5	1,0	1,5	2,0	2,5
U in V	4,4	3,6	2,9	2,1	1,4	0,7
U_i in V	0	0,8	1,5	2,3	3,0	3,7
R_i in Ω	–	1,6	1,5	1,53	1,5	1,48

R_i beträgt also etwa 1,5 Ω.

d Wenn die gesamte Spannung an R_i abfällt, fließen $I = \dfrac{U}{R_i} = \dfrac{4,4\,V}{1,5\,\Omega} = 2,9\,A$.

25 Der Anlasser des Autos hat einen Widerstand, der kleiner ist als der der Batterie. Daher wird ein Teil der Batteriespannung am Innenwiderstand abfallen; die Spannung der Quelle wird meßbar kleiner.

26 a Der Innenwiderstand der Quelle R_i und der Widerstand des Gerätes R_G sind in Reihe geschaltet und bilden einen Spannungsteiler. Es gilt demnach

$\dfrac{R_i}{R_G} = \dfrac{U_i}{U}$ und somit $R_i = 9\,\Omega \cdot \dfrac{0,8\,V}{11,2\,V} = 0,64\,\Omega$.

b $P = U^2 / R$. Am Gerät werden $P_G = (11,2\,V)^2 / 9\,\Omega = 13,9\,W$ und in der Quelle $P = (0,8\,V)^2 / 0,64\,\Omega = 1\,W$ abgegeben.

Atom- und Kernphysik Seite 227–246

Zum Aufbau des Atoms

1 Es gelten folgende Beziehungen: Massenzahl = Protonenanzahl + Neutronen-
anzahl. Kernladungszahl = Protonenanzahl = Elektronenanzahl. Aus der Angabe
der Massenzahl und der Kernladungszahl ist die Anzahl der Protonen und Neutronen im Atomkern sowie die Anzahl der Elektronen in der Atomhülle berechenbar.

2

Atom-kerne	Protonen-anzahl	Neutronen-anzahl	Atom-kerne	Protonen-anzahl	Neutronen-anzahl
$^{2}_{1}H$	1	1	$^{208}_{82}Pb$	82	126
$^{4}_{2}He$	2	2	$^{207}_{82}Pb$	82	125
$^{17}_{8}O$	8	9	$^{235}_{92}U$	92	143
$^{18}_{8}O$	8	8	$^{238}_{92}U$	92	146
$^{60}_{27}Co$	27	33	Es gilt: $A = Z + N$		

Isotope sind Atomkerne, die **gleiche** Protonen- aber **verschiedene** Neutronenzah-
len aufweisen. Isotope der Aufgabe 2 sind: $^{17}_{8}O$, $^{18}_{8}O$, $^{208}_{82}Pb$, $^{207}_{82}Pb$, $^{235}_{92}U$, $^{238}_{92}U$.

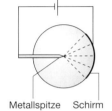

Metallspitze   Schirm

3 Durch das starke elektrische Feld werden die Elektronen auf direktem Weg
zum Schirm hin beschleunigt, d. h. eine Verteilung der Auftreffhäufigkeit auf dem
Schirm läßt darauf schließen, daß die Elektronendichte in dem Metall nicht homo-
gen ist. Insbesondere läßt sich aus der Symmetrie des Bildes auf eine symmetri-
sche Anordnung der Atome in dem Metall schließen (siehe Abb.).

Radioaktive Strahlung

4 siehe Versuche Lehrbuch S. 234.

5 Ein Plattenkondensator entlädt sich schneller, wenn ein radioaktives Material
die Luft zwischen den Platten ionisiert (siehe Versuch 1 Lehrbuch S. 231).

6 a Die Zählrate in einem Zählrohr zeigt eine Abnahme, wenn der Abstand zwischen radioaktiver Quelle und Zählrohr vergrößert wird. Danach hat α – Strahlung
eine Reichweite in Luft von wenigen Zentimetern, β – Strahlung hat eine Reichweite von einigen Metern.
b Je größer die Reichweite der Strahlung, desto größer ist ihre Durchdringungs-
fähigkeit.

7 a Der Aufbau und die Wirkungsweise des Geiger-Müller-Zählrohres wird im
Lehrbuch S. 232 dargestellt.
b Radioaktive Strahlung kann Fotofilme „belichten". Dieser Effekt wird in einer
Dosimeterplakette ausgenutzt. Dazu wird ein Fotofilm lichtdicht in eine Kunststoff-
hülle gepackt. Je stärker die Strahlung, desto stärker ist die Schwärzung der licht-
empfindlichen Schicht.

8 Variante A: Bringe die Uhr in die Nähe eines betriebsbereiten Zählrohres.
Erhöht sich die Zählrate, so sind Leuchtziffern radioaktiv.
Variante B: Lege das Ziffernblatt 12 Stunden auf einen in Papier eingepackten
Filmstreifen. Entwickle den Film! Treten Schwärzungen auf dem Film auf, so sind
die Leuchtziffern radioaktiv.
Variante C: Bringe die Uhr in einen dunklen Raum. Leuchtet das Zifferblatt ständig,
so ist es radioaktiv.

9 a Ein Geigerzähler zeigt überall eine schwache radioaktive Strahlung an, auch
wenn sich in der Nähe scheinbar keine radioaktive Strahlungsquelle befindet.
Diese Erscheinung bezeichnet man als Nulleffekt. Diese schwache radioaktive
Strahlung stammt zum Teil aus dem Weltall und zum Teil von radioaktiven Stoffen
in und auf der Erde.

b Unterschiedliche Nulleffekte kommen dadurch zustande, daß z.B. Gesteine und auch Baumaterial radioaktive Elemente wie Thorium, Kalium und Radium in unterschiedlicher Konzentration enthalten.

10 Diese Elemente sind radioaktiv. Am stärksten strahlt Kaliumchlorat und am schwächsten Kochsalz.

11

Anwendungs-verfahren	Anwendungsgebiete	
	Medizin	Technik/Landwirtschaft
Bestrahlungs-verfahren	Zerstörung von schnell wachsenden Zellen (Krebs), Entkeimung von medizinischen Instrumenten.	Kunststoffveredlung, Abtötung von Bakterien, Sporen und Viren.
Markierungs-verfahren	Lokalisierung krankhafter Prozesse, z.B. Schilddrüsenerkrankungen (Szintigramm).	Verschleißmessungen, Stoffwechseluntersuchungen bei Pflanzen und Tieren, Leckbestimmungen in Rohrleitungen.
Durchstrahlungs-verfahren		Zerstörungsfreie Dickenmessung, Prüfung auf Materialfehler in Gußstücken.

12 Die schädigende Wirkung radioaktiver Strahlung hängt von der Dauer der Einwirkung, der Intensität und der Art der Strahlung ab, sowie von der Art des betroffenen Gewebes.

13

Strahlenschutzregeln	Begründung der Regeln
– Strahlung weitgehend abschirmen!	Radioaktive Strahlung ist abschirmbar.
– Großen Abstand zur Strahlungsquelle halten!	Die Zählrate (Aktivität) einer Strahlungsquelle nimmt mit der Entfernung ab.
– Arbeitszeit beim Experimentieren mit radioaktiven Quellen so kurz wie möglich halten!	Die Dauer der Strahleneinwirkung hat starken Einfluß auf mögliche eintretende Strahlenschäden (Zellveränderung durch Ionisierung der Atome).
– Das Eindringen radioaktiver Stoffe in den Körper verhindern!	Radioaktive Strahlen lösen somatische und genetische Schäden aus.

14 – Kosmische Strahlung (Höhenstrahlung).
– Terrestische Strahlung (radioaktive Strahlung im Erdgestein und in Baumaterialien).
– Eigenstrahlung des menschlichen Körpers durch die beim Stoffwechsel aufgenommenen radioaktiven Nuklide wie z.B. $^{14}_{8}C$, $^{40}_{19}K$ und $^{222}_{86}Rn$.
– (Röntgendiagnostik und Röntgentherapie).

Zu den Kernumwandlungen

15 $^{227}_{90}Th \rightarrow\ ^{223}_{88}Ra + ^{4}_{2}\alpha$

16 $^{14}_{6}C \rightarrow\ ^{14}_{7}N + ^{0}_{-1}e$

17 Automobile stoßen CO_2 aus, das aus Erdöl stammt, also aus sehr altem biologischen Material. Wegen des hohen Alters ist entsprechend weniger C−14 vorhanden. Die teilweise Aufnahme dieses CO_2 führt zu der scheinbaren Alterung.

18 $^{216}_{84}\text{Po} \rightarrow \, ^{212}_{82}\text{Po} + \, ^{4}_{2}\alpha$

$^{212}_{82}\text{Po} \rightarrow \, ^{212}_{83}\text{Bi} + \, ^{0}_{-1}\text{e}$

$^{212}_{83}\text{Bi} \Big\langle \begin{array}{l} ^{208}_{81}\text{Tl} + \, ^{4}_{2}\alpha \\[6pt] ^{212}_{84}\text{Po} + \, ^{0}_{-1}\text{e} \end{array}$

$^{208}_{81}\text{Tl} \rightarrow \, ^{208}_{82}\text{Pb} + \, ^{0}_{-1}\text{e}$

$^{212}_{84}\text{Po} \rightarrow \, ^{208}_{82}\text{Pb} + \, ^{4}_{2}\alpha$

19

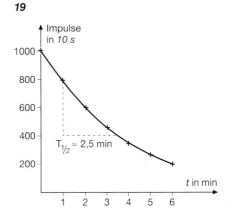

20 siehe Lehrbuch S. 237.

21a Kernumwand-lungsarten	gemeinsame Merkmale	unterschiedliche Merkmale
Kernzerfall	Veränderungen der Atomkerne	Umwandlung von Atomkernen ohne äußere Beeinflussung in andere Atomkerne. Dabei tritt radioaktive Strahlung auf.
b Kernspaltung		Zerlegung schwerer Atomkerne in leichtere mit gleichzeitiger Energie-freisetzung.
Kernfusion		Verschmelzung leichterer Atom-kerne zu schwereren mit gleich-zeitiger Energiefreisetzung.

22 Die Spaltprodukte des Urans bzw. des Plutoniums fliegen mit großer Geschwindigkeit auseinander. Die Bewegungsenergie der Spaltstücke wird beim Abbremsen im umgebenden Stoff in thermische Energie umgewandelt.

23 In einer Atombombe kann es nur dann zu einer unkontrollierten Kettenreak-tion kommen, wenn genügend freie Neutronen auf genügend spaltbare Kerne tref-fen. Dazu müssen zwei Bedingungen erfüllt sein:
– Die Bombe muß reines spaltbares Material (Uran-235 oder Plutonium-239) ent-halten.
– Es muß eine bestimmte Mindestmasse (kritische Masse) an spaltbarem Material vorhanden sein, damit die Neutronen nicht wirkungslos nach außen entweichen.

24 Durch Regelstäbe kann man in einem Kernreaktor die Kettenreaktion steuern. Diese Stäbe bestehen aus einem Material (Bor bzw. Kadmium), das die Eigen-schaft besitzt, Neutronen einzufangen. Durch das mehr oder weniger weite Einfah-ren dieser Regelstäbe wird die Anzahl der Neutronen und damit die Kettenreak-tion geregelt. Eine weitere Rolle spielen Moderatoren und Neutronenreflektoren (siehe Lehrbuchseite 238).

25 Es sind im Uranerz nicht genügend spaltbare Urankerne vorhanden, um eine Kettenreaktion auszulösen. Uranerz besteht aus 99,3 % nichtspaltbarem Uran-238 und nur aus 0,7 % spaltbarem Uran-235.

26 Kraftwerke	Belastung der Umwelt
Kernkraftwerke	– durch radioaktive Strahlung; über den Kamin werden vor allem Edelgase, Jod und Tritium abgegeben.
Kohlekraftwerke	– durch Staub-, Kohlenstoffdioxid, Kohlenstoffmonoxid, Schwefeldioxid, Stickstoffoxide. Es besteht die Gefahr, daß sich die mittlere Temperatur der Erde durch die Anreicherung dieser Gase in der Atmosphäre erhöht.

Beide Kraftwerksarten erwärmen durch Kühlmaßnahmen die Flüsse, Seen bzw. die Umgebung.

27 Viele bei der Kernspaltung entstandenen Spaltprodukte und durch Neutronenbestrahlung entstandenen Nuklide sind radioaktiv und haben eine Halbwertszeit von Jahrhunderten bzw. Jahrtausenden. Für diese Abfälle gibt es keine absolut sichere Lagerungsmöglichkeiten. Nach heutigem Stand der Forschung sind für die Endlagerung stillgelegte Salzbergwerke geeignet.

28 Mit diesen Maßnahmen sollte erreicht werden, daß radioaktive Stoffe weder sich auf der Haut absetzen, noch in den Körper gelangen.

Energieversorgung   *Seite 247–258*

1 Es tritt eine plötzliche Leistungsanforderung von 150 W · 1 000 000 = 150 MW auf. Ein solcher Spitzenbedarf kann nur durch schnell anlaufende Kraftwerke gedeckt werden. Zum Vergleich: ein Steinkohlekraftwerk liefert etwa 750 MW.

2 Pro Jahr stehen durch Umsatz in der Solarzelle 110 J/sm² · 60 · 60 · 24 · 365 s · 0,15 = 5,2 · 10⁸ J/m² elektrische Energie zur Verfügung.
Der Bedarf ist 6 000 · 3,6 · 10⁶ J = 2,16 · 10¹⁰ J.
Daraus ergibt sich der Flächenbedarf 2,16 · 10¹⁰ J : 5,2 · 10⁹ J/m² = 41,5 m².
Der Flächenbedarf ist recht groß, stände aber evtl. bei Nutzung aller Hausdächer zur Verfügung. Eine Versorgung ist dennoch kaum möglich, weil die zeitlichen Angebotsschwankungen nicht den zeitlichen Bedarfsschwankungen entsprechen.

3 Chemische Energie des Brennstoffes
↓
Innere Energie (Wasser wird verdampft, Dampf wird erhitzt)
↓
Energie der Bewegung (Turbine wird angetrieben)
↓
Elektrische Energie (Generator)
↓
Innere Energie und Lichtenergie (Glühbirne wird warm und leuchtet)
Von der ursprünglich eingesetzten chemischen Energie im Kraftwerk stehen etwa 36 % zur Verfügung. Eine Glühbirne setzt etwa 5 % der elektrischen Energie in Energie des Lichtes um => 0,36 · 0,05 = 0,018 = 1,8 % der ursprünglichen Energie werden in Licht umgesetzt.

Energie der Lage E_L

Energie der Bewegung E_B

4 Durch Reibungsverluste nimmt die (bei reibungsfreier Bewegung konstante) Summe aus E_L und E_B ab. Der Doppelpfeil wird parallel in Richtung Ursprung verschoben.

5 Pro Liter Benzin stehen für die Fortbewegung 38 · 10⁶ J · 0,16 = 6,08 · 10⁶ J zur Verfügung.
Bei Vollgas werden für 100 km t = 100 km / 156 km/h = 0,64 h benötigt. Die erforderliche Energie ist 51 · 0,64 kWh = 32,64 kWh = 1,18 · 10⁸ J.
Der Benzinbedarf ergibt sich aus 1,18 · 10⁸ : 6,08 · 10⁶ J / l = 19,4 l.
Bei 100 km/h wird für 100 km genau eine Stunde benötigt, entsprechend einem Energiebedarf von 17 kWh = 6,12 · 10⁷ J. Der Benzinbedarf ist 6,12 · 10⁷ J : 6,08 · 10⁶ J / l = 10,1 l.

6 Der Gesamtwirkungsgrad ergibt sich als Produkt der Einzelwirkungsgrade:
$$\eta \text{ gesamt} = \frac{5}{100} \cdot \frac{15}{100} = \frac{75}{10\,000} \triangleq 0,75\,\%$$

7 Die elektrische Energie müßte mit einem Wirkungsgrad größer als 70 % bereitgestellt werden. Kraftwerke haben aber nur Wirkungsgrade von 30–40 %. Elektrisch heizen ist also nicht sinnvoll, wenn elektrische Energie aus fossilen Brennstoffen bereitgestellt werden muß.
Bei der Umsetzung von Sonnenenergie in elektrische Energie wäre der Wirkungsgrad nicht so wichtig. Es müßte allerdings geprüft werden, wieviel Energie bei der Herstellung von Solarzellen umgesetzt wird.

8 Die erforderliche Pumpenergie pro Sekunde ist 1 440 kg · 4,7 · 10⁴ J / kg = 6,77 · 10⁷ J.
Die Energie im gepumpten Öl ist 41 MJ / kg · 1 440 kg = 5,9 · 10¹⁰ J.
Ein Kraftwerk könnte mit diesem Öl die elektrische Energie 5,9 · 10¹⁰ J · 0,33 = 1,95 · 10¹⁰ J bereitstellen.
Der „Energieverlust" beträgt demnach $\dfrac{6,8 \cdot 10^7 \text{ J}}{1,9 \cdot 10^{10} \text{ J}} = 0,0035 = 0,35\,\%$.

Zur erzwungenen Schwingung:

1 Durch Wechselstrom (verschiedener Frequenzen) wird die Lautsprechermembran zum Schwingen angeregt (vgl. auch Lehrbuch S. 124 Abbildung am Rand).

2 a Wird ein Körper zum Schwingen gebracht und sich selbst überlassen, dann schwingt er mit einer bestimmten Frequenz. Diese Frequenz heißt Eigenfrequenz.
b Wird ein Körper mit seiner Eigenfrequenz zum Schwingen angeregt, dann liegt Resonanz vor.
c Beispiele:
– Mundhöhle wird beim Singen dem Ton angepaßt.
– Kühlschrankmotor bringt Geschirr zum Mitschwingen.
– Zungenfrequenzmesser.
– Kind auf einer Schaukel.
– Wind kann Brücken und Türme zum Mitschwingen anregen und zum Einsturz bringen.
– Bei einer Fahrt über Bodenwellen können Fahrzeuge aufgeschaukelt werden.
– Fahrzeugteile schwingen bei bestimmten Motordrehzahlen besonders heftig.

3 Der Junge muß in der Eigenfrequenz der Glocke am Seil ziehen. Dann sind auch bei kleinen Kräften große Amplituden möglich.

4 Der Gitarrenkasten soll bei allen Tönen, die die Saiten erzeugen, mitschwingen. Er darf keine bestimmte Frequenz bevorzugen und darf deshalb keine bestimmte Eigenfrequenz besitzen.

5 Die schwingende Luftsäule wird verkürzt, sie schwingt dann mit einer höheren Frequenz. Die Tonhöhe steigt.

Zum Ohr:

6 Das Ohr kann Schall im Bereich von 16 Hz bis 20 000 Hz wahrnehmen. Die größte Empfindlichkeit ist von 100 Hz bis 5 000 Hz.

7 In 0,1 s legt der Schall die Strecke 340 m/s $\cdot$ 0,1 s = 34 m zurück. Die kürzeste Entfernung für ein Echo beträgt daher 17 m.

8 Kommt der Schall von der Seite, so erreicht er das weiter entfernte Ohr später. Aus dieser Zeitdifferenz bestimmt das Gehirn den Ort der Schallquelle. Zeitunterschiede bis zu 1/34 000 s kann das Gehirn noch auflösen.
Kommt der Schall von vorn, so erreicht der Schall die beiden Ohren gleichzeitig.

9 Das Ohr wird mit zunehmendem Alter für hohe Frequenzen und damit für hohe Töne unempfindlicher. Der Hörbereich kann auf 5 000 Hz zurückgehen.

10 Ist das Loch genügend groß, so tritt als Hauptnachteil eine Abnahme der Empfindlichkeit auf, da wegen der verringerten Trommelfellgröße, bei gleichem Schalldruck der Quelle, eine geringere Kraft auf die Gehörknöchelchen übertragen wird.

Zu Halbleitern, Dioden, Transistoren

1a Für n-leitende Halbleiter eignen sich Elemente der 5. Hauptgruppe: P, As, Sb.
Für p-leitende Halbleiter eignen sich Elemente der 3. Hauptgruppe: Al, Ga, In.
b p-leitend: Werden in einem Silicium- bzw. Germanium-Kristall Atome gegen
Atome der 3. Hauptgruppe ausgetauscht, so können diese Atome zu jeweils einem
der vier umgebenden Silicium- bzw. Germanium-Atome keine vollständige Paar-
bindung aufbauen. Springt ein Elektron an eine solche Stelle, so entsteht eine
ortsfeste negative Ladung. Gleichzeitig bleibt eine (bewegliche) Elektronenfehl-
stelle zurück, die wie eine positive Ladung wirkt.
n-leitend: Tauscht man dagegen Silicium- bzw. Germanium-Atome gegen Atome
der 5. Hauptgruppe aus, so bleibt an diesen Stellen jeweils ein Elektron ungebun-
den. Diese Elektronen können leichter abgelöst werden als Elektronen der Sili-
cium- bzw. Germanium-Atome. Sie hinterlassen ortsfeste positive Ladungen und
stehen, da sie im Kristall beweglich sind, für die elektrische Leitung zur Verfügung.

2 Bei Heißleitern sinkt der elektrische Widerstand mit zunehmender Temperatur.
Bei konstanter Spannung steigt die Stromstärke als Folge des abnehmenden
Widerstandes. Der stärkere Strom führt zu weiterer Erwärmung. Dadurch werden
zusätzliche Ladungen frei und der Widerstand sinkt noch mehr. Ein Vorwiderstand
ist nötig, um den Strom zu begrenzen.

3 Die Gesamtzahl positiver und negativer Ladungen ist gleich. Dadurch ist der
Kristall nach außen neutral. Im Kristall kann es zu lokalen Verschiebungen der
Ladungsverteilung kommen.

4 Nein, um in Durchlaßrichtung die Sperrschicht abzubauen, wird eine Spannung
höher als 0,7 V benötigt.

5 $U > 3 \cdot 0{,}7 \text{ V} = 2{,}1 \text{ V}.$

6 Eine Diode erlaubt lediglich eine Stromrichtung. Luft kann nur in einer Richtung durch ein Fahrradventil strömen.

7 Eine Diode kann zerstört werden, da sie in Durchlaßrichtung mit einem Heißlei-
ter vergleichbar ist. (Siehe Lösung zu Aufgabe 2.)

8 Bei Zwei-Weg-Gleichrichtern wird ständig ein pn-Übergang in Durchlaßrichtung
betrieben. Daraus resultiert insgesamt eine starke Erwärmung des Bauteils.

9 Ein Schalttransistor reagiert schneller. Es gibt keine mechanischen Verschleiß-
stellen. Die Herstellung ist billiger. Das Bauteil ist insgesamt kleiner. Relais erlauben das Schalten von Strömen hoher Stromstärke. Bei geöffnetem Kontakt gibt es
keinen Ruhestrom.

10 Ein Widerstandsmeßgerät enthält eine elektrische Quelle geringer Spannung.
Bei geeignetem Anschluß lassen sich die Diodenstrecken BC bzw. EB nachweisen,
während EC bei beiden Anschlußmöglichkeiten einen sehr hohen Widerstand
zeigt.

11 Die Basisschicht eines Transistors ist deshalb dünn, um ein Überschwemmen
bzw. Durchtunneln der 2. Sperrschicht in Richtung Kollektor zu ermöglichen.

12

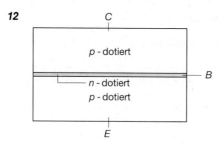

Schwierige Probleme

13 Telefongespräche werden mittels Wechselstrom übertragen. Die antiparallelen Dioden erlauben die Übertragung von ankommenden und herausgehendem Gespräch in jeweils einer Halbperiode.

14

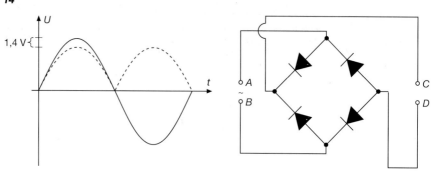

Bei einer Zwei-Weg-Gleichrichtung enthält der Stromkreis bei jeder Halbperiode genau zwei Dioden in Durchlaßrichtung. Dies führt insgesamt zu einer um $2 \cdot 0{,}7$ V geringeren Spannung. (Vergleiche Aufgabe 4 und Aufgabe 5.)

15 $I_B \leq \dfrac{5\ \text{V}}{10\ \text{k}\Omega} = 0{,}5$ mA, $I_c = 200 \cdot I_B = 200 \cdot 0{,}5$ mA $= 100$ mA

Sensoren   *Seite 283–288*

1 Je nach Fabrikat wird die Temperaturerhöhung über einen Drehwiderstand, Dioden oder Thyristorschaltungen vorgenommen. In allen diesen Fällen liegen keine Sensoren vor. Als Überhitzungsschalter werden oft Bimetallschalter eingesetzt. Diese ließen sich als Sensor im weiteren Sinn auffassen.

2 Sensoren werden verwendet in elektronischen Thermometern, bei Berührungsschaltern, in Thermostaten in Kühlschränken oder bei Bügeleisen, bei Bewegungsmeldern, in automatischen Lampenschaltungen usw.

3 Sensoren im Auto: Drucksensoren für Bremsanlage und Öldruck, Tachometer, Drehzahlmesser, Meßgeber für elektronische Drehzahlregelung, usw.

4 Fahrt nach oben:
Beschleunigung führt zu weiterer Dehnung
Fahrt mit konstanter Geschwindigkeit zeigt normale Dehnung
Abbremsung liefert geringere Dehnung
Fahrt nach unten:
Beschleunigung führt zu geringerer Dehnung
Fahrt mit konstanter Geschwindigkeit zeigt normale Dehnung
Abbremsung liefert stärkere Dehnung.

5 Es eignen sich lichtempfindliche Halbleiter, Kontaktsensoren o. ä.

6 $a = l \cdot \dfrac{I_b}{I_a + I_b} = 0{,}2 \text{ m} \dfrac{0{,}7 \text{ mA}}{0{,}3 \text{ mA} + 0{,}7 \text{ mA}} = 0{,}14 \text{ m}$

7 Die Brückenschaltung erlaubt eine einfache Justierung auf den Anfangswert Null. Damit lassen sich auch Fremdeinflüsse wie Temperatur u. a. leicht kompensieren.

8 Im Prinzip würde es genügen, wenn die Längenänderung eines Drahtes unter Krafteinwirkung eine streng monotone Funktion der Kraft wäre, so daß eine eindeutige Zuordnung – Betrag der Kraft ↔ Längenausdehnung ↔ Spannung – erfolgen kann. Strenge Monotonie ist aber nur im Gültigkeitsbereich des Hookeschen Gesetzes gegeben.

Notizen

Notizen

Notizen

Notizen

*J*etzt können Sie ganz einfach und individuell Ihre eigenen Arbeitsblätter oder Klassenarbeiten erstellen – mit der neuen Impulse Physik Aufgabenbank.

Impulse Physik Aufgabenbank.
Zusätzliches Aufgabenmaterial zum Schulbuch.

Zum Beispiel die Karteikarten. Mehr als 100 Aufgabenblätter erwarten Sie, die jeweils durch die Lösungen auf der Rückseite ergänzt werden. Und mit Kopierer, Schere und Klebstoff haben sie schnell Arbeitsblätter Ihrer Wahl erstellt.

Oder die besonders praktischen Dateidisketten. Damit sind der Fantasie zur Gestaltung Ihrer Aufgaben keine Grenzen gesetzt. Was Sie dazu benötigen? Natürlich die Impulse Aufgabenbank (5$\frac{1}{4}$", MS-DOS, Festplatte oder zwei Laufwerke) und das preiswerte Text- und Grafikprogramm MinText von Klett. Damit können Sie alle Aufgaben selbst bearbeiten, ergänzen oder völlig neu entwickeln. Übrigens: Alle Dateiprogramme von Klett sind so angelegt, daß besonders Anfänger ohne Schwierigkeiten damit arbeiten können.

Besonders praktisch: stellen Sie Ihre Aufgabenblätter,

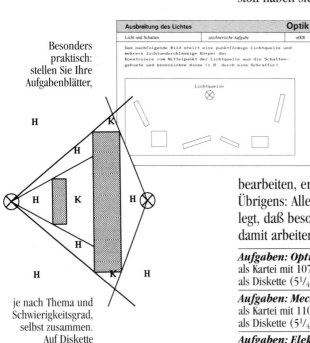

je nach Thema und Schwierigkeitsgrad, selbst zusammen. Auf Diskette oder mit den Karteikarten.

Aufgaben: Optik		
als Kartei mit 107 Aufgabenblätter		*772800*
als Diskette (5$\frac{1}{4}$")		*772820*
Aufgaben: Mechanik		
als Kartei mit 110 Aufgabenblätter		*772802*
als Diskette (5$\frac{1}{4}$")		*772822*
Aufgaben: Elektrizitätslehre		
als Kartei		*772801*
als Diskette		*772821*
Aufgaben: Energie		
als Kartei		*772803*
als Diskette		*772823*
MINTEXT		
Programm zur Herstellung und Gestaltung von Arbeitsblättern (Text und Grafik)		*11481*

Bezugsbedingungen und Preise finden Sie in Ihrem Klett Fachkatalog Naturwissenschaften oder im Software-Katalog.

ImpulsePhysik 1
AUFGABEN: MECHANIK

Impulse Physik Aufgabentechnik.

Schnell und vielseitig anwendbar.